I0059834

CHEMINS DE FER DE CETTE A MARSEILLE, ETC.

ENQUÊTE COMPARATIVE

COMMISSION D'ENQUÊTE DE L'HÉRAULT

RAPPORT DE LA COMMISSION

MONTPELLIER
IMPRIMERIE TYPOGRAPHIQUE DE GRAS
1862

ENQUÊTE COMPARATIVE

COMMISSION D'ENQUÊTE DE L'HÉRAULT

RAPPORT DE LA COMMISSION

Conformément aux paroles prononcées par Son Exc. M. le président du conseil d'État devant le Corps législatif, dans la séance du 25 juin dernier, une enquête a été ordonnée dans les trois départements de l'Hérault, du Gard et des Bouches-du-Rhône, sur le chemin littoral embranché sur la ligne de Rodez, et sur les diverses lignes proposées par la Compagnie de Paris-Lyon-Méditerranée ; cette mesure de justice est venue répondre aux vœux exprimés par les populations du Midi et du Sud-Ouest, après les enquêtes auxquelles ont donné lieu les projets proposés pour le chemin de fer de Rodez à la Méditerranée.

L'enquête actuelle est donc la conséquence de la première.

Aux termes de l'arrêté de M. le préfet de l'Hérault du 26 août dernier et d'après la dépêche du 4 août 1862, par laquelle Son Exc. M. le ministre de l'agriculture, du commerce et des travaux publics, prescrit de sou-

1

mettre simultanément les propositions respectivement présentées, par les deux Compagnies de la Méditerranée et du Midi, à une enquête comparative, en se conformant aux dispositions de l'ordonnance du 18 février 1834; nous avons été formés, pour le département de l'Hérault, en Commission d'enquête spéciale, et nous avons à donner notre avis sur les diverses questions qui auront été posées par l'administration, et sur l'utilité des projets qui nous sont soumis.

Ces projets sont les suivants :

La Compagnie des chemins de fer du Midi propose d'exécuter un chemin de fer direct de Cette à Marseille, lequel suivrait, à partir de Cette, le littoral de la Méditerranée, passerait à ou près Aiguesmortes, traverserait le grand Rhône près la tour S¹-Louis, et aboutirait à Marseille à l'extrémité des nouveaux quais. La Compagnie s'engage à exécuter ce chemin de fer sans subvention, et à construire, dans les mêmes conditions, un embranchement dirigé de la ligne d'Agde à Lodève vers Montpellier, et de Montpellier vers le grau de Pérols, où il se rattacherait à la nouvelle ligne de Cette à Marseille.

La Compagnie de Paris à Lyon et à la Méditerranée propose d'exécuter sans subvention :

1° Une ligne de Lunel à Arles, par S¹-Gilles ;

2° Une ligne directe de Marseille à Aix, avec une nouvelle gare à Marseille ;

3° Un embranchement dirigé de la station de l'Estaque vers le nouveau port Napoléon, à Marseille ;

4° Une ligne de la station du Pas-des-Lanciers à Martigues et à Bouc ;

5° Un chemin d'Aiguesmortes à Lunel, prolongé jusqu'au Vigan.

La Compagnie de la Méditerranée s'engage, en ce qui concerne le parcours de la nouvelle ligne de Marseille à Cette par Arles et S¹-Gilles, à réduire à 160 kilomètres (longueur de la ligne directe projetée par la Compagnie du Midi), le nombre des kilomètres soumis au tarif, tant pour les voyageurs que pour les marchandises, et en outre, à accepter pour les trajets entre Marseille et Cette, et pour toutes les marchandises à destination ou en provenance du réseau de la Compagnie du Midi, les tarifs que celle-ci appliquera sur son propre réseau, les délais et les con-

ditions d'expédition qu'elle consentira à s'imposer elle-même, et, enfin,
dès que la seconde voie sera posée sur la ligne du Midi, l'établissement
de trains directs de Marseille à Cette, Toulon et Bordeaux.

L'attention publique, éveillée par la discussion contradictoire née de
l'enquête du chemin de fer de Rodez à la Méditerranée, s'est de nouveau
concentrée sur l'enquête actuelle, qui n'est réellement que la suite et la fin
de la première.

Nous devons constater qu'elle a de nouveau donné lieu aux débats les
plus vifs, et que, de part et d'autre, elle a produit, outre une foule de
mémoires, de documents et dires particuliers, une nouvelle expression
des vœux des populations intéressées. Elle s'est manifestée par de nombreuses délibérations des Conseils municipaux, des Chambres consultatives, des Chambres de commerce, des Sociétés d'agriculture, des
Tribunaux de commerce, et des Conseils généraux de la région.

Parmi les opinions individuellement exprimées, la Commission a
trouvé les jugements émanés d'hommes spéciaux, familiers avec les loca-
lités, mais étrangers à leurs intérêts, dès lors bien placés pour apprécier
impartialement la question [1].

Dans cette enquête, comme dans la première, l'opinion des départements du Midi et du Sud-Ouest s'est nettement prononcée en faveur des
propositions de la Compagnie du Midi. De ce côté se trouve une majorité
considérable.

Les propositions de la Compagnie de la Méditerranée ont été soutenues
par quelques départements de son réseau, auxquels pour la plupart sont
promis des lignes ou des embranchements vers les Alpes et l'Italie; pour
le plus grand nombre d'entre eux, l'établissement du chemin littoral est

[1] Voir le Dire de M. Léon, ingénieur en chef des ponts et chaussées, ancien
ingénieur en chef des ponts et chaussées dans le département de l'Hérault.

à peu près indifférent et cette question ne les intéresse que très-indirectement.

Nous constatons que dans l'Hérault la situation est restée la même : comme dans l'enquête pour le chemin de fer de Rodez, 25 communes à proximité de la ligne de Lunel au Vigan, proposée par la Méditerranée, ont seules soutenu les projets de cette Compagnie [1].

---

[1] **Chemins de fer de Cette à Marseille, etc.**

Projets présentés par les Compagnies du Midi et de la Méditerranée

Enquête comparative d'utilité publique

DÉTAIL DES PIÈCES DÉPOSÉES A L'ENQUÊTE

1° En faveur de la Compagnie du Midi

16 Délibérations de Conseils généraux.

15 Délibérations de Conseils d'arrondissement.

25 Délibérations de Tribunaux de commerce.

12 Délibérations de Chambres de commerce.

10 Délibérations de Chambres consultatives.

4 Délibérations de Sociétés d'agriculture.

1 Délibération du Conseil de prud'hommes de Mazamet.

74 Délibérations de Conseils municipaux et 9 Dires de notables du département de l'Aveyron.

1 Délibération du Conseil municipal de Meyssac (Corrèze).

43 Délibérations de Conseils municipaux et 34 Dires de notables du département de Tarn-et-Garonne.

13 Délibérations de Conseils municipaux et 11 Dires de notables du département du Tarn.

9 Délibérations de Conseils municipaux et 4 Dires de notables du département de la Haute-Garonne.

2 Délibérations de Conseils municipaux et 1 Dire de notables du département du Gers.

Néanmoins, tout en constatant l'expression des vœux du plus grand nombre, la Commission a cru devoir former son opinion par l'examen approfondi des propositions des deux Compagnies, aux divers points de vue des intérêts généraux et locaux, et des systèmes qu'elles représentent.

11 Délibérations de Conseils municipaux et 7 Dires de notables du département de Lot-et-Garonne.

2 Délibérations de Conseils municipaux du département de la Gironde.

2 Délibérations de Conseils municipaux et 2 Dires de notables du département du Lot.

1 Délibération du Conseil municipal de Villefranche-Embelvès (Dordogne).

1 Délibération du Conseil municipal et 3 Dires de notables de Bayonne (Basses-Pyrénées).

86 Délibérations de Conseils municipaux et 5 Dires de notables du département des Pyrénées-Orientales.

5 Délibérations de Conseils municipaux et 1 Dire de notables du département des Hautes-Pyrénées.

302 Délibérations de Conseils municipaux et 8 Dires de notables commerçants du département de l'Aude.

» Dires des habitants de Montpellier annexés au registre (12,000 signatures).

5 Dires divers annexés au registre.

87 Délibérations de Conseils municipaux de l'arrondissement de Montpellier.

94 Délibérations de Conseils municipaux de l'arrondissement de Béziers, accompagnées des Dires de notables commerçants.

69 Délibérations de Conseils municipaux de l'arrondissement de Lodève, suivies des Dires de notables commerçants.

41 Délibérations de Conseils municipaux de l'arrondissement de St-Pons et Dires de notables.

108 Délibérations de Conseils municipaux du département du Lot.

11 Pétitions ou Dires déposés à l'enquête, à Montpellier.

2° En faveur de la Compagnie de la Méditerranée

25 Délibérations de Conseils municipaux de l'arrondissement de Montpellier.

1 Délibération de la Chambre consultative de Ganges.

8 Dires de divers habitants des communes de Cette et de Ganges.

1 Délibération de la Chambre de commerce d'Avignon.

1 Délibération de la Chambre de commerce de Toulon.

C'est ce but qu'elle a poursuivi dans ses travaux, dans les renseignements dont elle s'est entourée, et c'est à ces divers points de vue qu'elle a formulé des conclusions, auxquelles s'est réunie l'unanimité des membres qui la composent.

Nous allons essayer d'exposer les motifs qui ont prévalu dans la Commission.

Systèmes opposés représentés par les propositions des deux Compagnies.

Les propositions des deux Compagnies considérées dans leur ensemble représentent deux systèmes complétement différents ; aussi répondent-elles à des intérêts différents.

Les propositions de la Compagnie du Midi n'embrassent que deux lignes étroitement liées entre elles, celle de Rodez à la Méditerranée et celle de Cette à Marseille par le littoral ; elles sont destinées à mettre en relation directe, par les voies les plus courtes des points du territoire fort éloignés ; ainsi Bordeaux et Marseille, Rodez et l'Espagne, Port-Vendres, Agde, Cette et Marseille. Elles ont eu l'initiative du débat qui s'agite aujourd'hui ; produites depuis un an et demi, elles n'ont point subi de changements importants. Elles constituent un système défini, qui complète celui du réseau du Midi et s'y applique sans effort ; elles ont un caractère d'utilité générale que les esprits les plus prévenus ne peuvent méconnaître ; elles rapprochent des grands centres commerciaux du Midi et du Sud-Ouest la majeure partie des populations de la France ; elles touchent aux gisements de houille les plus considérables de la région, aux salins du littoral, aux ports en projet dans le bas Rhône ; elles sillonnent le delta du Rhône dans la plus grande largeur ; aussi ont-elles immédiatement soulevé la discussion sur toutes les grandes questions économiques auxquelles se trouve liée la prospérité de la France méridionale.

Ce sont :

1° Le transit de l'Océan à la Méditerranée à travers l'isthme de Marseille à Bordeaux, comme de Cette à Bordeaux ;

2° Les houilles, pour donner à la production houillère du Midi un développement immense et abaisser en même temps le prix de la houille ;

3° Les sels, augmenter indéfiniment la production des sels; créer une immense fabrication de produits chimiques, saliniers;

4° La prépondérance de la navigation française dans la Méditerranée au moyen du transport des houilles et des sels, etc.;

5° La régénération de la navigation du Rhône;

6° L'amélioration de la Camargue;

7° L'écoulement des vins du Languedoc et du Roussillon;

8° La facilité, la rapidité et le bas prix des transports entre les grands centres commerciaux du midi, du nord-ouest et du centre de la France;

9° Les rapports internationaux facilités entre la France et l'Espagne par la Catalogne, le Roussillon, le bas Languedoc et le Rouergue;

10° La défense des côtes du golfe de Lion, de Port-Vendres à Nice.

Les propositions de la Compagnie de la Méditerranée consistent principalement en une série de courts embranchements et de gares, et en deux lignes parallèles de Rodez à la Méditerranée. Elles se sont produites au dernier moment, pendant l'enquête comparative ouverte sur les deux lignes de l'Aveyron. Leur but évident et avoué est de consolider une situation acquise, et de combattre et de faire échouer les propositions du Midi.

La Compagnie de la Méditerranée s'est efforcée toutefois de justifier ses propositions et son attitude; et, si la Compagnie du Midi a voulu démontrer l'exactitude de ses appréciations touchant les grandes et nombreuses questions qu'elle a jetées dans le débat, la Compagnie de la Méditerranée a fait de son côté tous ses efforts afin de prouver que ces questions n'existent point réellement, et qu'elles ne sont qu'un prétexte pour déguiser des prétentions capables de compromettre la prospérité des contrées sur lesquelles s'étendent les réseaux actuels. Enfin elle a objecté, au point de vue de l'exécution, que le projet de chemin littoral de Cette à Marseille est dans des conditions qui suffiraient seules à le faire repousser; qu'il est submersible dans son parcours à travers la Camargue; que la navigation maritime du Rhône est compromise par l'établissement de ses ponts tournants ; que le sol sur lequel il est établi, depuis Aiguemortes jusqu'à la sortie du delta, manque de solidité ; que le littoral est un pays désert, dont l'insalubrité est dangereuse ; que ce chemin ne donnera aucun produit ; qu'il est sans rapport avec les intérêts publics, et qu'en un mot c'est une déplorable conception...

Nous allons examiner ce qu'il y a de fondé dans les avantages que chaque Compagnie attribue à ses propositions.

Chemin littoral. D'après les dernières études, le chemin littoral entre Cette et Marseille présente une longueur de 155 kilomètres ; la dépense de construction, y compris l'établissement de la gare à Marseille, est évaluée à 48 millions.

Question du Transit. Ce chemin permet-il d'établir un mouvement de transit important de Marseille à Bordeaux, et de détourner une portion de l'immense tonnage qui passe par le détroit de Gibraltar ?

Il est certain qu'en l'état ce transit n'existe pas et ne peut pas exister : l'état des communications entre nos deux grands ports, de la Méditerranée à l'Océan, s'y oppose.

A partir de Cette, la longueur du trajet jusqu'à Marseille est augmentée de 50 kilomètres par la mauvaise direction de tracé du chemin actuel ; ce qui grève le transit d'un allongement de parcours considérable ; de plus, le changement d'administration et de compagnie à Cette ; le service d'embranchement à Tarascon et la sujétion de la ligne latérale à la ligne principale du Nord au Sud ; les encombrements auxquels donne lieu le service actuel sur le chemin de la Méditerranée ; le défaut d'unité de vues et d'administration, sont autant d'obstacles insurmontables.

La distance de Bordeaux à Marseille est actuellement de 681 kil., dont 476 kil. de Bordeaux à Cette, et 205 kil. de Cette à Marseille ; elle se trouve réduite, avec le nouveau chemin, à 631 k. au lieu de 681 k., soit d'un douzième environ ; et, entre Cette et Marseille, à 155 k. au lieu de 205, soit d'un quart environ.

Les frais et les retards imposés à Cette par le changement de compagnie et la rupture de charge seront définitivent supprimés ; il en sera de même du service d'embranchement, la ligne devenant directe et principale. Alors on franchira ordinairement en trois heures la distance de Cette à Marseille, que les trains les plus rapides ne parcourent aujourd'hui qu'en cinq heures et demie. Enfin les encombrements disparaîtront aussi, le nouveau chemin devant avoir à Marseille sa gare et son entrée distinctes.

Tous ces avantages sont bien définitivement obtenus par le chemin littoral ; ils ne dépendent point de conventions toujours susceptibles d'être modifiées, et il en résulte que toute la région située au delà de Montpellier, dans le Centre, le Sud-Ouest et l'Est, c'est-à-dire presque la moitié du territoire français, se trouve rapprochée de Marseille de 50 k., et en jouissance d'un service direct à partir de Bordeaux.

Les propositions de la Méditerranée pour rectifier la ligne de Cette à Marseille, au moyen du tracé direct de Lunel à Arles, laissent toujours subsister un allongement de 25 kilomètres dans le trajet ; elles conservent également le service actuel d'embranchement, en reportant seulement plus bas, à Arles, le point de jonction sur la ligne principale, qui se trouve aujourd'hui à Tarascon, et laissent par conséquent existor tous les inconvénients d'un service secondaire assujetti à un service principal, ainsi que ceux de l'encombrement sur une voie latérale, dont les produits sont toujours fatalement destinés à passer par le tronc commun et par le souterrain de la Nerthe. Les proposions de la Méditerranée pour réduire la distance légale à 160 k. entre Cette et Marseille, et subordonner ses tarifs ainsi que ses heures de départ et d'arrivée, ne peuvent réussir à faire disparaître ces inconvénients ; quant aux tarifs et aux mesures d'administration, on sait trop combien les uns et les autres deviennent illusoires, lorsqu'il s'agit d'intérêts opposés et que le bon accord ne règne pas entre les Compagnies.

Le chemin littoral aplanira donc les difficultés matérielles qui, sans lui, subsisteraient toujours ; dès lors, peut-on se refuser à admettre que, sur un tonnage de quatre millions et demi de tonnes, constaté en 1859 au passage du détroit, des tarifs réduits, la diminution des frais d'assurances maritimes et des correspondances à jour fixe, la rapidité du passage à travers l'isthme, la régularité parfaite du service, ne réussissent à dé-

2

tourner une quantité notable de marchandises au profit du chemin de fer? Le percement de l'isthme de Suez, en changeant la direction du commerce des Indes et de l'extrême Orient avec l'Europe, donnera un nouvel essor à la navigation, déjà si active dans la Méditerranée; aussi peut-on, sans présomption, prévoir qu'il créera un mouvement important et nouveau de Marseille et de Cette sur Bordeaux, et que la nouvelle voie ferrée, à la fois plus régulière, plus courte et plus sûre que toute autre, en attirera à elle une part considérable.

Mais il faut encore tenir compte de la concurrence que les charbons de Graissessac et d'Aubin — dont le chemin littoral peut seul assurer l'écoulement à bas prix dans nos ports — feront dans la Méditerranée à ceux d'Angleterre. Son effet sera de priver pour cette destination le pavillon anglais de son principal élément de fret de sortie, et de le forcer alors à élever celui de retour; résultat dont la conséquence sera de favoriser un transit important de Marseille et Cette à Bordeaux, et de livrer à notre marine marchande une plus grande part du cabotage dans la Méditerranée.

Il y a donc lieu d'admettre qu'un transit important pourra s'établir de Marseille à Bordeaux, par le chemin littoral, et que la nouvelle ligne, se prêtant aux exigences de l'avenir, contribuera à développer à la fois un mouvement d'affaires considérable, non-seulement à Marseille, mais dans tous nos ports du littoral, surtout à partir du moment où, rentrant dans le régime du droit commun, ils jouiront tous des mêmes priviléges commerciaux.

Il est donc vrai de dire que le chemin littoral continuera à réaliser la grande pensée de Louis XIV et de Colbert, en opérant la jonction plus complète des deux mers, à travers le sol de la France, et en faisant de notre isthme une des grandes voies commerciales du monde.

D'un autre côté, il faut conclure que les propositions de la Méditerranée sont un obstacle au transit entre Marseille et Bordeaux, en assujettissant les communications directes de ces deux grands ports aux inconvénients qui ne permettent point de l'organiser avec succès.

Question des Houilles.   Le chemin littoral pourra-t-il conduire des houilles, dans nos ports de la Méditerranée, à plus bas prix et en quantité plus considérable que dans le système proposé par la Compagnie de la Méditerranée?

Il ne faut point perdre de vue que le chemin littoral est le prolongement direct, sur Agde, Cette, Aiguesmortes et Marseille, du chemin de fer de Graissessac et du chemin de Rodez. Nulle autre voie ferrée n'est aussi bien placée pour desservir nos ports de mer au moyen de ces charbons. Dans l'état actuel, les houilles de Graissessac ne peuvent arriver à Agde et à Cette qu'en parcourant deux chemins distincts, celui de Graissessac à Béziers et celui du Midi, de Béziers à Cette; ils y sont grevés de tarifs élevés, résultant de leur parcours limité sur chaque ligne, et de la situation fâcheuse de celle de Graissessac. Les projets soumissionnés par le Midi sont destinés à changer cet état de choses; l'unité du réseau, de Graissessac à Marseille et de Rodez à Marseille, permettra aux charbons de Graissessac et d'Aubin d'arriver à bas prix aux ports d'embarquement principaux, Cette et Marseille, en concurrence avec ceux de la Grand'-Combe.

En effet, dans l'état actuel, pour le charbon de Graissessac, les distances à parcourir sont de 301 kilomètres pour arriver à Marseille et de 188 kilomètres seulement pour le charbon de la Grand'Combe. Cette énorme différence ferme au premier le marché de Marseille; mais il n'en sera plus de même avec le chemin littoral, la distance entre Graissessac et Marseille devant être réduite à 222 kilomètres.

L'extraction de la houille à Graissessac étant moins coûteuse qu'à la Grand'Combe, et la qualité en étant supérieure, les prix se nivellent et la concurrence s'établit. S'il en est ainsi pour Marseille, la question ne peut-être douteuse pour Cette, plus rapproché de Graissessac de 155 kilomètres, et encore moins pour Agde; des calculs analogues peuvent être établis pour les charbons d'Aubin.

Vainement objectera-t-on que la Méditerranée peut construire les deux chemins de Rodez par l'Hérault et le Gard, et qu'elle se trouverait dans la même situation. En admettant cette possibilité, sur laquelle personne aujourd'hui ne conserve d'illusions, la communauté d'intérêts qui unit les houillères de la Grand'Combe et le chemin de la Méditerranée serait un obstacle dont il faut savoir tenir compte.

Mais ce qu'il importe, c'est de ne point rester dans l'état de choses actuel et de se mettre en mesure pour accumuler, dans les grands ports de la Méditerranée, les houilles de nos bassins du Midi. Ce sont les propositions pour les chemins de Rodez et du littoral qui satisfont le mieux aux conditions du problème, tout en occasionnant une dépense beaucoup moindre. En outre, cette dernière ligne, touchant au port Saint-Louis, y rencontrera les houilles de la Loire, que les tarifs de la Méditerranée ont écartées des ports de Marseille et Cette, au bénéfice de celles de la Grand-Combe. Ainsi, dans le nouvel état de choses, tous les produits de nos houillères pourront arriver sur le littoral par les voies les plus courtes et les plus économiques, ce qui permettra aux charbons français de remplacer, dans la Méditerranée, une partie notable des quatorze cent mille tonnes que les Anglais y exportent annuellement.

Il y a donc un intérêt national puissant lié à cette question des houilles et du chemin littoral. Il ne faut point s'endormir sur les résultats du présent; si Alais et la Grand'Combe se sont développées par le chemin de la Méditerranée, Aubin et Graissessac attendent aussi leur tour, et il est indubitable que les projets de la Compagnie du Midi présentent à ce point de vue l'ensemble de voies ferrées le mieux combiné pour donner un essor rapide à la production houillère de la France méridionale.

Question des Sels. Le chemin littoral est-il destiné à exercer sur la production du sel une influence considérable?

On a prétendu que le sel est une marchandise pauvre, dévolue nécessairement à la batellerie; qu'il ne peut supporter les frais de transport d'un chemin de fer, et que la présence de la voie ferrée à travers les salins du littoral n'aura pour eux aucun résultat appréciable. La Commission a cherché à s'éclairer sur le véritable état de cette question.

Il résulte de ses informations que, dans l'état actuel, l'exportation du sel, sur le littoral français de la Méditerranée, n'excède guère le chiffre de 40,000 tonnes, et sa production celui de 200,000 tonnes environ; que le prix du sel est, à Marseille, de 11 à 12 francs par tonne; qu'il y est transporté de la Camargue et du groupe de la Valduc au moyen de chalands pontés et de remorqueurs; qu'il arrive à Cette, de Villeneuve, de Frontignan, par chemin de fer; de Peccais, d'Aiguesmortes et du Bagnas, par les canaux. Mais les prix actuels sont trop élevés pour développer un grand commerce d'exportation, à cause de la concurrence et du bas prix que rencontre, en Sardaigne, en Sicile et en Espagne, le sel français.

Dans ces conditions, nous ne discuterons pas l'influence de la voie ferrée nouvelle sur notre production et sur notre exportation, bien qu'il soit facile de faire remarquer combien les tarifs réduits, qu'on peut appliquer aux sels comme aux houilles, pour les faire arriver à Cette et surtout à Marseille, peuvent en abaisser le prix et changer l'état des choses. Nous nous occuperons des modifications profondes que subit en ce moment l'industrie salinière sur notre littoral et de la transformation extraordinaire que le progrès des sciences appliquées à l'industrie va lui imposer dans un avenir prochain.

L'application du froid artificiel au traitement des eaux de la mer a permis d'apporter aux méthodes dont M. Balard est le créateur des modifications d'une importance capitale, au point de vue du résultat. Par ce système, déjà mis en pratique, l'exploitation de 1,000 hectares d'étangs salés donne lieu aujourd'hui, régulièrement, à une production de :

50,000 tonnes de sel marin,
4,000 tonnes de sulfate de soude (anhydre),
1,000 tonnes de chlorure de potassium.

Or, en Camargue, la surface des étangs salés pouvant servir à l'évaporation des eaux est pour ainsi dire indéfinie; une seule Compagnie, qui se livre à l'industrie des produits chimiques saliniers, en possède 10,000 hectares; quand elle aura achevé la mise en exploitation de ses terrains, elle pourra produire annuellement :

500,000 tonnes de sel marin,
40,000 id. de sulfate de soude anhydre,
10,000 id. de chlorure de potassium.

Le sel marin, dans des proportions aussi énormes, ne peut pas être considéré comme un produit industriel susceptible d'être vendu ; mais, comme son dépôt précède nécessairement les traitements qui donnent lieu au sulfate de soude et au chlorure de potassium, force est bien de le produire quand même, et tout ce qui ne peut être vendu est dissous et rejeté à la mer. On conçoit que dans ce système, où le sel marin forme un résidu de fabrication, il suffit que les prix de vente dépassent les frais de levage et de transport pour qu'il y ait bénéfice. Or les frais de levage sont de 2 fr. ; le transport à Marseille, au tarif de 3 centimes et quart par tonne et par kilomètre (que la Compagnie du Midi est disposée à pratiquer), se ferait à moins de 2 fr. Le sel pourrait donc être livré à l'exportation à des prix très-réduits, et on constituerait ainsi à notre marine marchande un fret précieux, qui lui donnerait une partie des avantages que la marine anglaise trouve à Liverpool [1].

Dans cette exploitation des eaux salées, les seuls frais sont la main d'œuvre et la houille ; ainsi, pour arriver à la production totale indiquée pour 10,000 hectares d'étangs, il faut 100,000 tonnes de houille et un personnel fixe de 900 à 1,000 personnes environ.

Cet aperçu permet d'apprécier l'importance d'un chemin de fer pour une industrie destinée à s'exercer dans ces conditions, et en Camargue, où l'étendue des étangs salés exploitables est immense, il peut seul lni donner la vie.

La question des produits chimiques saliniers présente, au point de vue économique et industriel, un double intérêt ; d'abord par la production à bon marché du sulfate de soude, sous une forme éminemment propre à son emploi, ce qui permettra aux industries soudières françaises de soutenir la lutte engagée depuis le traité de commerce avec l'Angleterre ; ensuite parce qu'on verra se combler un vide bien préjudiciable aux arts chimiques, celui que présente aujourd'hui la production des sels de potasse. Au lieu de les rechercher dans les cendres

---

[1] Les documents officiels portent, pour 1860, à 696,000 tonnes la quantité de sel exportée par l'Angleterre, la presque totalité par la Mersey.

des végétaux, dont l'abondance diminue tous les jours à mesure que les forêts disparaissent, on les trouvera dans l'immense et inépuisable réservoir que forme la mer.

Dans un avenir prochain, il n'est pas douteux que les autres salines du littoral n'imitent ce qui se passe aujourd'hui en Camargue. Elles formeront alors un vaste ensemble, qui fera la fortune de ces contrées, aujourd'hui si déshéritées. Mais, sans un chemin de fer capable de les desservir et d'y amener les hommes et le combustible à bas prix indispensable, leur transformation est impossible. A ce point de vue, le chemin littoral soumissionné par la Compagnie du Midi se présente comme destiné à devenir l'instrument de ce nouveau progrès.

Les éléments de succès qu'il apportera, et les conditions de climat dans lesquelles se trouve le littoral français de la Méditerranée, permettent de croire que nul autre point du globe n'est mieux placé pour devenir le siége de l'industrie salinière, dont la puissance et la richesse peuvent atteindre des proportions si considérables : d'abord, parce qu'il est à proximité de gîtes houillers nombreux et puissants, avec lesquels il sera en commuication directe (Graissessac, Aubin, Alais et la Grand'Combe, Rive-de-Gier), et ensuite parce que le climat du littoral, suffisamment sec et chaud pour produire l'évaporation des eaux sur les salines, est assez tempéré, cependant pour ne point gêner la production du froid artificiel. Les climats plus chauds de la Sardaigne, de la Sicile et du sud de l'Espagne, paraissent se prêter moins bien à cette dernière condition, et, en outre, les salines de ces contrées sont moins bien placées pour recevoir à bas prix et en immenses quantités la houille indispensable.

Les détails qui précèdent ont été confirmés à la Commission par un illustre chimiste, M. Balard, membre de l'Institut et professeur au Collége de France ; ils jettent un jour tout nouveau sur la question si intéressante des ressources de notre littoral et du rôle que les voies ferrées sont appelées à y jouer. On est donc autorisé à conclure que, au point de vue de la question des sels et des proportions extraordinaires qu'elle est appelée à prendre, la construction du chemin littoral répond à un besoin de premier ordre, qu'on ne saurait trop signaler à l'attention du Gouvernement.

Prépondérance de la navigation française. Les conséquences de l'utilité directe du chemin littoral, aux points de vue du grand transit à travers l'isthme, du bas prix des houilles et de l'accroissement de leur exploitation, de la production indéfinie du sel, sont faciles à saisir et permettent d'apprécier l'heureuse influence qu'il est appelé à exercer sur la navigation française. Comment douter que, pourvue de si riches aliments de fret (les charbons, les sels, les vins), placée géographiquement dans une situation privilégiée, qui fait de Marseille le premier port de la Méditerranée, et développe sans cesse le mouvement du port de Cette, elle ne finisse par établir sa prépondérance dans cette mer? Le percement de l'isthme de Suez, la supériorité des nations occidentales, leur puissance industrielle et maritime, leur influence en Europe et en Orient, tendent à y consolider le mouvement commercial et à l'augmenter encore au profit de la France.

Régénération de la navigation du Rhône. La navigation du Rhône, si déchue depuis la concurrence que le chemin de fer a faite à la batellerie, n'est-elle pas appelée à trouver de nouvelles conditions d'existence au moyen du chemin littoral?

Si l'on considère que la présence d'une voie ferrée dans le bas Rhône apportera sur la rive du fleuve un nouveau courant de marchandises, indépendant des rails de la Méditerranée, et fournira ainsi à la batellerie le moyen d'échapper aux exigences du chemin de Paris-Lyon-Méditerranée, on ne peut se refuser à admettre l'influence que le chemin littoral est appelé à exercer sur elle. Mais elle doit devenir plus décisive par sa communication dans le bas Rhône avec le port Saint-Louis, destiné à former un des appendices importants du port de Marseille. Le création prochaine de ce port paraît décidée dans les projets du Gouvernement. Son heureuse situation, à l'extrémité de la plus grande voie de navigation intérieure que possède la France, ses communications sûres et faciles avec la mer, en feront un des points importants où viendra s'alimenter la navigation du Rhône. On peut le considérer déjà comme destiné à devenir un des entrepôts où s'arrêteront les houilles de la Loire. Trouvant à la fois, sur le même point, les facilités que donne pour les expéditions à l'intérieur

un chemin de fer en rapport direct avec Marseille, l'ouest et le centre de
la France, et un entrepôt où s'accumuleront les matières encombrantes
du commerce marseillais, la batellerie pourra reprendre un rôle important; elle y sera d'ailleurs encouragée par le chemin de fer lui-même, qui,
par elle, trouvera les moyens tout prêts de se mettre en relation avec le
Nord, par les canaux, la Saône et la vallée du Rhône. Elle retrouvera
ainsi les débouchés que les tarifs la Compagnie de la Méditerranée lui ont
fermés. La position déplorable de la navigation fluviale sera donc changée;
les populations intéressées le sentent bien, car de Chalon à Arles leurs
vœux sont unanimes pour demander l'établissement de la ligne de Cette
à Marseille. La régénération de la navigation du Rhône et de la Saône se
prépare donc; aussi, dans le cas où le chemin littoral serait concédé, les
Compagnies de bateaux à vapeur du Rhône paraissent-elles décidées à renouveler leur matériel et à donner à leurs opérations une activité nouvelle.

Le seul tracé du chemin littoral à travers la basse Camargue dans sa   *Amélioration*
plus grande largeur, sur un parcours de 60 kilomètres environ, suffit   *de la Camargue.*
pour justifier les résultats féconds qu'on en attend, au point de vue
de la Camargue elle-même. Il y portera les hommes et les capitaux
indispensables pour en féconder les vastes solitudes. Les 80,000 hectares du delta sont une belle conquête à faire par l'industrie et par
l'agriculture, et chacun aura son rôle dans cette œuvre de civilisation.
On a vu déjà quel avenir est ouvert à l'exploitation des étangs salés;
quant à l'agriculture, son tour ne tardera point, lorsque la voie ferrée,
en lui portant les bras dont elle manque, lui aura ouvert en même temps
les communications et les débouchés nécessaires. Ces avantages, que
réclame à son profit la Compagnie de la Méditerranée pour son embranchement de Lunel à Arles, sont incontestablement mieux acquis par
le chemin littoral. D'ailleurs, son long parcours à travers la Camargue
est destiné à y faciliter la création de nouveaux centres de population,
résultat que la situation et l'embranchement d'Arles ne permettent pas
d'obtenir.

Les exemples ne manquent point pour justifier les espérances d'amé-

liorations qu'a fait naître la Camargue : les Landes et la Sologne prou-
vent, en France, que, partout où les chemins de fer pénétrent dans les
contrées déshéritées, ils en préparent la transformation.

Ecoulement des vins du bas
Languedoc et du Rous-
sillon.
L'intérêt agricole le plus considérable du bas Languedoc et du Roussillon, et la base la plus solide de la fortune publique dans ces deux
provinces, est la production du vin ; mais cette production dépend
elle-même des débouchés qui lui sont ouverts. Ainsi on connaît la rapide transformation qui s'est opérée et qui s'opère encore, sous l'influence des voies ferrées, dans les contrées de grande production viticole, dont le département de l'Hérault peut être pris pour exemple.

Un développement commercial extraordinaire, la richesse publique
augmentée, le travail recherché sous toutes ses formes, les industries
de tous genres stimulées, la population devenue plus active et plus
entreprenante, telles ont été les conséquences immédiates de cette
transformation. Mais plus cette prospérité augmente, plus il devient
urgent d'en consolider et d'en garantir les causes et de pourvoir aux
besoins de la grande industrie agricole sur laquelle est fondée. C'est
à ce point de vue que le système de voies ferrées proposé par la
Compagnie du Midi nous paraît apporter au pays les plus sérieuses
garanties. Le département de l'Hérault, couvert aujourd'hui de 180,000
hectares de vignes, produit, suivant les années, de six à douze millions
d'hectolitres de vins ; c'est le plus grand vignoble du monde entier,
c'est la production la plus considérable qui soit connue : le Trésor y
trouve une source d'immenses revenus ; l'industrie des transports, le
commerce, la tonnellerie, l'aliment le plus riche pour leurs opérations.
Aussi tout, dans l'agriculture de l'Hérault, est subordonné à cette grande
production viticole. Il tire du dehors les grains, les pailles, les fourrages,
le bétail, les bois, les engrais, qui lui manquent aujourd'hui ; les bras
de sa population ne sont point suffisants, il appelle à son aide ceux des
populations voisines. On calcule qu'il y arrive annuellement environ
80,000 ouvriers, et ils suffisent à peine à l'énorme travail de culture perfectionnée de ses vastes surfaces. Les hommes font défaut ; chaque année

les bras deviennent plus rares et plus chers, et cet état de choses constitue déjà un des obstacles que rencontre aujourd'hui le progrès de notre viticulture. Le mouvement extraordinaire de roulage auquel donne lieu le transport des vins défonce, chaque année, routes et chemins vicinaux. Il est évident aujourd'hui, malgré les sacrifices très-lourds que s'impose le département, que ces utiles auxiliaires de la circulation ne suffisent plus aux exigences d'un mouvement qui tend sans cesse à augmenter, et que le secours d'un bon système de voies ferrées, dans les grands centres de viticulture et de commerce, leur devient indispensable. Le système proposé par la Compagnie du Midi, à travers l'Hérault, répond à ce besoin et rend possible, pour un avenir prochain, de nouvelles améliorations; les embranchements de Graissessac à Béziers, de Lodève à Agde, de Montpellier, sillonneront notre territoire dans plusieurs directions et suppléeront au peu d'utilité qu'offre au trafic local la ligne actuelle d'Agde à Montpellier.

Ce même système ouvre encore vers le Centre et le Nord-Ouest, par le chemin de Rodez, de précieux débouchés, en facilitant à nos expéditions l'accès des pays montagneux, dont les habitants recherchent avidement l'usage du vin.

Grâce au même chemin, les vins de l'Hérault pourraient arriver en Bretagne par la voie la plus courte, en suivant une direction transversale, et au besoin pénétrer jusqu'à Paris sans passer par la vallée du Rhône.

D'un autre côté, le chemin littoral, en dégageant les lignes de la Méditerranée vers le Rhône, nous donne la certitude de voir disparaître les encombrements auxquels l'expédition des vins et des grains a donné lieu ces dernières années; et il garantit contre les éventualités d'accident dans le souterrain de la Nerthe. Il ouvre ainsi de nouveaux moyens d'écoulement vers les grands centres de population.

Les lignes de la Compagnie de la Méditerranée font perdre à l'Hérault, ainsi qu'à l'Aude et aux Pyrénées-Orientales, ces débouchés importants, *et ils ne leur donnent aucune compensation.* Le seul département du Gard, déjà si bien pourvu de nombreux moyens d'expédition par les lignes de la vallée du Rhône, par celle de Brioude à Alais, bénéficierait encore de la situation privilégiée que lui créeraient les propositions de la Méditerranée. Sa production viticole étant quatre fois moindre que celle des trois autres départements réunis, l'intérêt général est encore, à ce point de vue, du côté des propositions du Midi.

Facilité, rapidité et bas prix des transports entre les grands centres commerciaux du Midi, de Nord-Ouest et du Centre de la France.

Le premier effet des lignes de Rodez et du littoral est de rapprocher de Marseille, définitivement et tout d'un coup, le Sud-Ouest et le Centre de 50 kil.; de supprimer tous les délais inutiles, et les transbordements; de rendre possible une réduction du tarif sur le réseau du chemin du Midi; par la navigation du Rhône, de rouvrir du Nord au Sud une des voies fermées par la concurrence du chemin de la Méditerranée, et de diminuer ainsi les chances d'encombrement; de créer une nouvelle voie distincte sur Marseille, qui dégagera d'autant le mouvement des marchandises de l'Ouest et du Centre vers la vallée du Rhône; de créer à Marseille une nouvelle entrée, une nouvelle tête de ligne, affranchie du tunnel de la Nerthe, en communication avec les chemins en construction sur Paris, par Brioude et Alais, par Rodez.

On a vu plus haut que rien de pareil ne peut être obtenu par les propositions de la Méditerranée.

Rapports internationaux entre la France et l'Espagne par la Catalogne.

Il suffit de jeter les yeux sur la carte pour voir que le chemin littoral reliera l'Espagne orientale au midi de la France, par une voie ferrée directe allant de Marseille à Port-Vendres, et de là à Barcelone, et qu'il est destiné à faciliter nos rapports commerciaux et internationaux.

Défense des côtes.

Il en est de même pour la défense des côtes, autour desquelles il complète la ceinture qui les embrasse de Port-Vendres à Nice, de la frontière d'Espagne à celle d'Italie, en reliant entre eux tous nos ports de mer et en les mettant en relation avec l'intérieur et Paris par les lignes les plus directes. Sous ces deux rapports, il remplit utilement une lacune que les propositions de la Méditerranée laissent ouverte.

Nous pouvons donc conclure, après cet examen, que les grandes questions d'utilité générale soulevées par les propositions de la Compagnie du Midi sont bien réellement liées à ses projets, et qu'elles sont résolues de manière à leur donner satisfaction ; que les propositions de la Méditerranée sont insuffisantes pour atteindre ce but ; qu'elles rendent même impossible une solution satisfaisante ; que, d'ailleurs, cela ressort de la situation même de cette Compagnie et de ses efforts pour faire considérer comme illusoires les questions si importantes qui viennent d'être examinées.

Mais est-il vrai que le projet de chemin littoral soit dans de mauvaises conditions et mérite les reproches que nous avons énumérés plus haut ? A cet égard, l'enquête n'a laissé aucune incertitude, et nous sommes restés convaincus que la submersibilité, les ponts tournants, l'insalubrité, le défaut d'assiette sur des terrains mouvants, qu'on objecte contre lui, sont au fond sans valeur sérieuse.

Examen des conditions d'établissement du chemin littoral.

Le chemin, traversant sur un long parcours une contrée exposée aux inondations du Rhône, sera construit de manière à ne point subir de dégradations sérieuses lorsque le fleuve franchira ses digues. Tel est le but qu'il fallait d'abord atteindre ; or cette condition ne peut être remplie qu'en rendant le chemin submersible. C'est, d'ailleurs, la condition à laquelle sont assujetties les voies ferrées en Camargue, et le chemin de Lunel à Arles ne fait pas exception. Pour le chemin littoral, les inconvénients de cette situation ont été prévus. Il est établi à $1^m,50$ au-dessus du niveau des basses mers, dans la partie inférieure du delta, entre le Valcarès et la mer, dans la région où les eaux d'inondation, s'étalant sur de vastes espaces, n'atteignent que de faibles hauteurs, perdent leur courant et ne présentent plus de danger pour les ouvrages peu en relief. Ainsi il n'y a pas lieu de craindre que les remblais de la ligne littorale aient à subir des détériorations importantes. Le Valcarès forme un immense réservoir naturel placé entre les eaux d'inondation et la voie ferrée ; le remblai de celle-ci sera pourvu de deux pertuis capables de donner passage chacun à mille mètres cubes d'eau par seconde ; avant que l'inon-

Submersibilité.

dation ait rempli le réservoir, et pendant qu'elle s'écoulera par les pertuis, on aura le temps de la voir venir et de la laisser passer, sans autre inconvénient qu'une interruption momentanée.

D'ailleurs, pour réduire l'objection à sa juste valeur, il faut tenir compte de la rareté des circonstances capables de submerger le chemin; les intervalles les plus rapprochés entre les grandes inondations, les seules dont les eaux puissent couvrir la voie, sont de quinze années, ainsi qu'on l'a vu de 1841 à 1856; en outre, la Compagnie sera intéressée au bon entretien des digues du Rhône, dont la conservation et la consolidation rendent les débordements plus rares. Elle y contribuera de toutes ses forces, son intérêt dépendant des efforts qu'elle fera pour se garantir, tout en garantissant le pays. Sa présence en Camargue y apportera donc de nouvelles et sérieuses conditions de sécurité.

On sait d'ailleurs quels dangers présentent, en cas d'accident, les remblais insubmersibles établis le long du Rhône, et le souvenir des dommages affreux que subit, en 1856, le chemin de Lyon à la Méditerranée, entre Tarascon et Arles, est encore présent à tous les esprits. Ce danger est tel, qu'on a exigé de la Compagnie de la Méditerranée que son chemin d'Arles à Lunel fût rendu submersible dans son trajet à travers la haute Camargue. Ce dernier présente donc les mêmes inconvénients de submersibilité que celui par le littoral, mais avec cette circonstance aggravante, qu'il se trouve placé sur le point du delta où les eaux atteignent les plus grandes hauteurs et où leurs ravages sont le plus redoutables.

Pont tournant.

Une des objections dont on a fait le plus de bruit, est celle qui est tirée de l'obstacle qu'apporterait à la navigation maritime un pont tournant jeté sur le grand Rhône. D'après les dernières études, ce pont sera établi à Chamone, sur un point où la largeur du fleuve est de 400 mètres entre ses digues. Dans cette partie de son cours, sa profondeur est uniformément de 8 mètres et sa vitesse de 50 à 60 centimètres par seconde, c'est-à-dire nulle; il forme comme un immense canal rectiligne, sur une longueur de 4 kilomètres: le pont le divisera en deux parties égales.

Les rives sont abritées du mistral par la hauteur des digues et seront disposées de chaque côté en forme de quai de halage, muni de pieux et de bornes.

Le pont sera en tôle, sur le modèle de celui de Bordeaux. La passe aura 24 mètres d'ouverture et sera disposée du côté gauche; elle pourra être double, si cela est nécessaire. Elle restera continuellement ouverte, et ne sera fermée que pour le passage des trains. Deux hommes seulement pourront ouvrir et fermer, en une minute et demie, pour chaque opération.

De pareilles conditions suffisent pour rassurer la navigation à voiles; quant à la navigation à vapeur, elle ne subira aucune gêne, les bateaux pouvant passer après avoir abaissé leur cheminée.

Pour éviter la formation des bancs dans le lit du fleuve, les piles, au nombre de quatre, seront formées par des tubes en fonte, de manière à offrir le moins de surface possible; elles ne produiront aucun changement sur le régime des eaux. Les navires pourront donc louvoyer, jeter leurs ancres et leurs amarres pour prendre le vent, en toute sécurité et sans crainte d'avaries.

Si l'on considère les difficultés opposées à la navigation par les hauts fonds situés entre Arles et Chamone, on les trouvera bien plus graves que celles qui peuvent naître de l'établissement du pont tournant. D'ailleurs, on peut citer de nombreux exemples de constructions de ce genre d'ouvrage; un des plus remarquables est, à S¹-Pétersbourg, le pont de la Newa, à l'amont du port; les navires naviguent à l'aval et à l'amont, et le mouvement de la navigation est considérable. En Angleterre, on en trouve sur le chemin de South-Wales;

A l'embouchure de la Wash, à Wisbeak, dans le Lincolnshire;

Sur la Severn, à Glocester;

Sur l'anse du port, à Folkstone;

Et en France, celui de Cette sur le chemin du Midi, à l'embouchure du canal qui met en communication le port et l'étang de Thau, est encore un exemple que nous avons sous les yeux.

Les ponts tournants ne sont donc pas un obstacle; mais, s'il en était ainsi, l'objection adressée au chemin littoral pourrait être retournée contre celui de Lunel à Arles, car un pont du même genre a été imposé pour la traversée du Rhône à Arles.

L'instabilité du sol en Camargue et dans ses abords, ainsi que l'insalubrité du pays, est une objection sans portée. Que l'on considère, en effet, que le sol en question porte en Camargue une digue à la mer sur 26 kilomètres de longueur, de 2 mètres 20 centimètres de hauteur et de 10 mètres d'épaisseur à la base, dont la solidité est à toute épreuve ; que le phare de Faraman, la tour St-Louis, l'église des Stes-Maries, les remparts d'Aiguesmortes, y existent depuis des siècles, et on sera rassuré sur la possibilité d'y établir le remblai du chemin, dont la hauteur, au dessus des basses mers, n'atteint que 1 mètre 50 centimètres.

Quant à l'insalubrité, il est bon d'observer que le rivage de la mer dans le delta est beaucoup moins exposé aux émanations paludéennes que l'intérieur ; qu'il y existe déjà des centres de population, l'un de 1100 âmes, aux Saintes-Maries; l'autre de 200, au salin de Giraud, et qu'on peut bien admettre qu'il pourra en être formé de nouveaux. D'ailleurs il est à présumer que, sur ce point comme sur tous ceux où ont pénétré les chemins de fer, les travaux de l'agriculture et de l'industrie amélioreront l'état des choses actuel.

Nous ne nous arrêterons pas aux objections de détail dont les pentes de 8 millimètres du chemin ont été l'objet pour son tracé entre Martigues et Marseille; le chemin de la Méditerranée se trouve lui-même dans des conditions semblables sur la grande ligne, aux abords du souterrain de Blaizy, de même que ses lignes sur Aix, Martigues, etc.

Ainsi les objections tombent les unes après les autres, avec d'autant plus de facilité qu'on peut les retourner contre la plupart des projets de la Méditerranée. Mais des objections passons aux reproches.

On a reproché au chemin littoral de détruire le cabotage, et on a fait encore grand bruit de cette accusation. La Commission n'a point pensé qu'elle fût fondée.

Le chemin littoral amènera dans nos ports des masses de houille et de sel à bas prix ; il fournira ainsi à la navigation côtière un aliment considérable. En outre, il créera de nouveaux courants d'affaires, dont l'influence se fera sentir sur toutes les industries de transport, et parmi elles le cabotage ne fera pas exception. A cette situation nouvelle viendront se joindre les effets de l'essor considérable que prendra le mouvement du commerce dans la Méditerranée. Mais les propositions qu'on oppose au chemin littoral ne font pas au cabotage une meilleure situation, puisqu'elles adoptent la même distance légale et les mêmes tarifs ; elles l'aggravent, au contraire, car elles lui font perdre les dédommagements qu'il est en droit d'attendre du nouvel état des choses. D'ailleurs l'objection tirée du cabotage n'a point empêché l'exécution des chemins de Port-Vendres à Cette et de Marseille à Nice.

Enfin on s'est efforcé de prouver que le chemin littoral ne donnerait que des revenus insuffisants. Tout ce qui précède, ainsi que les propositions de la Compagnie du Midi, sont une réponse péremptoire à cet argument. On pourrait d'ailleurs le retourner à bien plus forte raison contre les propositions de la Compagnie de la Méditerranée, et demander si les revenus des embranchements et des gares qu'elle propose seront même comparables à ceux qu'elle a attribués au chemin littoral. Nous examinerons plus loin, comparativement, le côté financier des propositions des deux Compagnies. *Revenus.*

L'embranchement dirigé de la ligne d'Agde à Lodève sur Montpellier et de Montpellier vers la ligne littorale, complète les propositions de la Compagnie du Midi sur lesquelles sont ouvertes les enquêtes. *Embranchement par Montpellier de la ligne d'Agde à Lodève avec la ligne littorale.*

Cet embranchement est évalué dans les projets, pour sa longueur, à 49 kilomètres, et pour la dépense, à 17 millions et demi. On verra plus loin que la Compagnie propose d'y ajouter un embranchement sur Cette.

L'importance de ce chemin frappera tous les yeux ; son rôle sera moins celui d'un embranchement que celui du prolongement direct de la ligne de Rodez à la Méditerranée, dont il est une des parties essentielles.

Il établit la communication la plus directe de Rodez et des au delà avec Marseille; c'est par lui que passeront, dans cette direction, les houilles de Graissessac et d'Aubin, soit pour arriver à Cette, soit pour aller à Marseille. En outre, il relie, à toute cette région, Montpellier, ville savante, célèbre par ses Écoles, centre administratif, judiciaire et militaire, à la fois agricole, industriel et commercial.

Au point de vue local, il met en communication directe avec le chef-lieu Lodève, la vallée de l'Hérault et le centre du département. Il permet de pénétrer dans les cantons viticoles les plus riches de l'arrondissement de Montpellier, et traverse en partie ceux des arrondissements de Lodève et de Béziers; il peut donner lieu pour l'avenir, dans l'intérêt local du département, aux combinaisons les plus fécondes. Il constituera, pour le transport des vins dans nos ports de mer ou aux gares d'expédition, le chemin le plus utile, vers lequel viendront désormais converger les routes et les chemins vicinaux. A tous les points de vue, cette ligne transversale offre aux intérêts généraux et locaux une importance capitale.

En ce qui concerne un embranchement placé sur la ligne transversale de Montpellier, de manière à aboutir directement à Cette, divers motifs ont déterminé la Commission à émettre le vœu qu'il fût construit.

En premier lieu, c'est la diminution de parcours qui en résultera, sur toute la ligne de Rodez, pour arriver à Cette. Dans les projets de la Compagnie du Midi, cette ligne aboutit à la mer par trois points principaux, qui sont, par ordre de proximité, les ports d'Agde, de Cette et de Marseille. La voie qui dessert Cette passe d'abord à Agde et oblige ensuite à un parcours de 23 kilomètres. Ce dernier peut être presque entièrement supprimé au moyen de l'embranchement en question. Cette devient alors, au même titre qu'Agde, le premier port que rencontre la ligne de Rodez en arrivant à la mer. Son importance, parmi les ports français, l'accroissement de son mouvement commercial, les travaux considérables dont il est l'objet, intéressent à cette diminution de parcours tous les départements du Midi et du Centre, dont Cette est le premier débouché sur la mer. A ce point de vue, l'embranchement en question présente un intérêt général qu'on ne peut méconnaître.

En second lieu, c'est la situation nouvelle que fait au port de Cette le chemin littoral. Sous ce rapport, quelques doutes ont été émis dans la ville de Cette, sur les conséquences des propositions de la Compagnie du Midi ; ils n'ont pas empêché cependant le Conseil municipal et le Tribunal de commerce d'accueillir favorablement les projets nouveaux, à la condition d'obtenir un embranchement direct sur la ligne de Rodez. On trouve ainsi, dans la nouvelle communication de Cette avec la ligne du Centre, des compensations au prolongement jusqu'à Marseille de la ligne de Bordeaux à Cette.

La Commission a pensé que, le mouvement général des affaires devant gagner considérablement à l'exécution des chemins de Rodez et du littoral, la ville de Cette ne pourrait que gagner aussi au courant nouveau qui s'établira du Centre au Midi, aussi bien que de l'Est à l'Ouest ; mais que, des craintes s'étant manifestées, des intérêts s'étant alarmés, il était nécessaire de leur donner une garantie. De plus, elle a vu, dans le nouvel embranchement, la voie directe qui fait du port de Cette le principal entrepôt des charbons de Graissessac et d'Aubin, et le point le mieux placé pour l'expédition par mer des fers de Decazeville.

D'ailleurs, la Compagnie du Midi s'est déclarée disposée à construire cet embranchement à partir de Montbazin, et a pris à cet égard des engagements constatés par la Commission.

La ville de Lodève, centre manufacturier très-important, où la fabrication des étoffes de laine et de draps de troupes a pris un un grand développement, a aussi fixé l'attention de la Commission. D'après les projets étudiés jusqu'à présent, elle se trouverait en dehors du trajet de la grande ligne de Rodez, celle-ci venant se relier à celle d'Agde à Lodève au pont de Cartels, à 6 k. en aval de cette dernière ville. La situation topographique de Lodève, au pied d'un massif montagneux d'une grande épaisseur ; les dépenses considérables auxquelles, d'après les premières études, on aurait été conduit pour surmonter les difficultés de la traversée, ont motivé la direction de la grande ligne sur Cartels. Toutefois l'importance de la ville de Lodève, ses nombreuses relations soit avec le chef-lieu, soit avec les centres commerciaux du Midi, et de nouvelles études locales plus encourageantes que les premières, ont décidé la Commission à en recommander l'examen, dans le but de faire disparaître, si cela est possible sans de trop grands sacrifices, cette circonstance regrettable.

Après avoir étudié le chemin littoral et l'embranchement transversal par Montpellier, de ce chemin à la ligne d'Agde à Lodève, le moment est venu d'examiner les projets que leur oppose la Compagnie de la Méditerranée.

Propositions de la Compagnie de la Méditerranée.
1° *Chemin de Lunel à Arles*

La longueur de l'embranchement de Lunel à Arles est de 42 k., et la dépense est évaluée à 12 millions.

Le seul avantage qu'il présente, en dehors de l'intérêt de localité, est de raccourcir le parcours actuel de Cette à Marseille de 25 k.; mais, comme nous l'avons fait voir plus haut, il laisse subsister sur ce parcours tous les inconvénients de l'état présent et il ne crée point la ligne directe de Cette à Marseille. Dans tous les cas, malgré cette rectification de Lunel à Arles, le chemin de Cette à Marseille par Arles est encore plus long de 25 k. que la ligne littorale.

2° *Embranchement du Pas-des-Lanciers à Bouc et aux Martigues.*

La longueur de l'embranchement du Pas-des-Lanciers à Bouc et aux Martigues est de 23 k., et la dépense est évaluée à 4 millions et demi. Cet embranchement n'est qu'une satisfaction de localité donnée à ces deux villes, mais elles le repoussent et lui préfèrent le chemin littoral.

3° *Gare spéciale de marchandises à la station de l'Estaque et raccordements desservant les ports de Marseille.*

La longueur de l'embranchement de l'Estaque et de la gare n'est que de 7 kilomètres; la dépense, à raison du prix élevé des terrains, est évaluée à 5 millions.

Cette gare peut offrir un intérêt réel au commerce de Marseille, en dégageant la gare St-Charles et en reliant les nouveaux ports avec la grande ligne, mais elle n'apporte aucun changement aux inconvénients que nous avons signalés dans les rapports du Midi et du Sud-Ouest avec Marseille. Considérée au point de vue des facilités qu'elle peut fournir pour éviter les encombrements sur la grande ligne, elle est comparativement au chemin littoral d'une infériorité marquée; elle reporte, en effet, tout le trafic sur l'artère principale et impose toujours l'obligation de passer par le tunnel de la Nerthe. Les encombrements et les accidents sont donc toujours possibles, et cette gare et son embranchement ne sont contre eux qu'un faible palliatif, chèrement acheté. Le chemin littoral, au contraire, portant les marchandises par une voie distincte, soit sur les nouvelles lignes sur Paris, par Brioude et Alais, et par Rodez, soit sur la rive du Rhône au port St-Louis, les dirige sur le Nord et dégage ainsi, d'une manière définitive et toujours sûre, le mouvement de la voie principale sur Lyon et Paris.

La longueur de l'embranchement pour une nouvelle gare à Marseille desservant les quartiers méridionaux est estimée de deux à quatre kilomètres, et la dépense variera de 7 à 10 millions. *4° Etablissement d'une nouvelle gare à Marseille desservant les quartiers méridionaux.*

Ce projet n'a rien de commun avec les communications à établir entre Marseille et le Sud-Ouest; il est, au contraire, présenté comme lié aux projets qui intéressent la ligne d'Italie. Tout en pouvant offrir un véritable intérêt pour la ville de Marseille, il n'a donc point de rapport avec la question du chemin littoral.

La ligne de Marseille à Aix (premier projet, sur les trois proposés) est évaluée, pour la longueur à construire, à 33 kilomètres, et pour la dépense à 14 millions. *5° Ligne de Marseille à Aix.*

Cette ligne est présentée comme un moyen de desservir plus directement la ville d'Aix et ses au delà, et de rendre, dans cette direction, la circulation indépendante du souterrain de la Nerthe. Elle peut rendre, en effet, d'utiles services pour le mouvement qui s'opère dans la direction des Alpes et de l'Italie ; mais, comme elle se relie à Rognac à la ligne principale, bien au-dessous d'Arles et de Tarascon, elle n'empêchera point, sur cette ligne, les encombrements occasionnés par les masses de marchandises qui y affluent à l'époque de l'expédition des vins.

Les départements du Sud-Ouest et du Centre n'ont, par conséquent, aucun intérêt à la construction de cette ligne pour leurs communications avec Marseille et le Nord. Pour eux, elle ne supplée point à la ligne littorale.

Le chemin de Lunel au Vigan a 71 kilomètres de longueur, et sa dépense est évaluée à 29 millions. *6° Chemin de Lunel au Vigan.*

Ce chemin constitue un projet entièrement distinct. Il faisait partie de ceux qui ont déjà subi l'épreuve des enquêtes pour les tracés comparatifs de Millau à Cartels et de Millau à Gallargues, avec cette différence toutefois que le *terminus* était Gallargues et non Lunel. Cependant cette modification n'entraîne pas de changements dans les conditions du projet.

Au point de vue de l'établissement de la grande ligne de Rodez à la Méditerranée, la première enquête a démontré son infériorité comparativement à la ligne par Montpellier, et l'immense majorité, dans l'Hérault et l'Aveyron, s'est prononcée en faveur de ce dernier tracé. Nous ne reviendrons point sur cette question.

Au point de vue des relations des Cévennes avec le Sud, Montpellier et Nîmes, et par ces deux villes avec toute la France, cette ligne, dégagée des combinaisons qui lui sont étrangères, prend une autre signification et paraît tout à fait digne d'intérêt. L'avis de la Commission ne pourrait que lui être favorable, si elle était présentée seule, en dehors de l'ensemble d'une soumission conditionnelle. Mais, comme il n'en est point ainsi, qu'elle n'intéresse pas les relations du Centre et du Sud-Ouest avec Marseille et qu'elle ne peut desservir que des intérêts locaux, elle ne peut entrer en comparaison avec la ligne littorale et la ligne de Paulhan à Montpellier, qui l'une et l'autre présentent un caractère d'utilité générale bien supérieur.

Au demeurant, les rectifications, les embranchements et les gares que la Compagnie de la Méditerranée oppose au chemin littoral, sont l'aveu le plus formel de l'utilité de ce dernier et des mauvaises conditions dans lesquelles se trouve son service de Cette à Marseille ; mais ses propositions ne remédient point aux inconvénients qu'on lui reproche. Elles ne réussissent point à créer la ligne de Cette à Marseille, qui n'existe pas aujourd'hui, car le parcours actuel ne constitue pas une ligne entre ces deux villes. C'est l'assemblage entre Cette et Beaucaire de trois chemins séparés, conçus sans unité, à des époques différentes, réunis ensuite à Montpellier et à Nîmes, et subordonnés comme embranchement au service d'une ligne principale. En fait, le chemin actuel peut bien faire partie d'un chemin qui réunit Paris et Lyon à la Méditerranée, dans le port de Cette, mais il ne constitue point réellement un chemin de Cette à Marseille. Les propositions de la Compagnie de la Méditerranée ont-elles cherché à réaliser ce chemin? C'est ce que nous ne saurions admettre.

Que voyons-nous, en effet? C'est que ces projets ont pour but principal de s'affranchir définitivement de la crainte que lui inspire l'arrivée à Marseille de la Compagnie du Midi, Quant à la ligne de Cette à Marseille, qui nous occupe à présent, ils la laissent à peu près telle qu'elle est, avec tous ses inconvénients, tandis que le chemin littoral crée cette ligne avec sa gare et son entrée distinctes et indépendantes. Une gare en communication avec les ports de Marseille, desservie par un chemin indépendant de la grande ligne du Nord et par conséquent du souterrain de la Nerthe, débouchant à la fois vers l'Ouest et Nord, telles sont les améliorations d'utilité générale réclamées par le Sud-Ouest tout entier. Les propositions de la Méditerranée ne donnent ni les unes ni les autres, tandis qu'elles sont acquises, ainsi qu'on l'a vu, par la construction du chemin littoral.

Au point de vue financier, la comparaison des propositions des deux Compagnies est instructive. La Compagnie de la Méditerranée et ses partisans ont reproché à la Compagnie du Midi de compromettre les forces financières du pays et de retarder l'achèvement du réseau des chemins de fer français, en voulant consacrer à la construction du chemin littoral les 48 millions pour lesquels elle ne demande à l'Etat ni subvention ni garantie d'intérêt. Voyons, dès lors, quelle somme chaque Compagnie demande aux capitaux du pays et dans quelle mesure elle s'adresse à l'Etat pour user de ses subventions.

L'ensemble des lignes soumissionnées par la Compagnie de la Méditerranée, et qui fait l'objet de l'enquête actuelle, est évalué à 184 kilomètres, et la dépense coûtera, y compris les gares, 74 millions et demi.

Les deux chemins de Rodez à Montpellier et à Lunel, qu'elle prend l'engagement de construire, sont évalués (non compris la ligne de Lunel au Vigan, déjà comptée dans la soumission actuellement aux enquêtes), pour une longueur de 326 kil., à la somme de 132 millions,

Aperçu financier sur les propositions des deux Compagnies.

et sur ce capital la subvention qu'elle demande à l'Etat, aux termes de la loi de 1842, s'élève à 85 millions[1].

---

[1]   *Lignes soumissionnées par la compagnie de la Méditerranée*

	Longueur	Dépense
De Lunel à Arles.............	42 kil.	12 millions
Du Pas-des-Lanciers à Bouc et Martigues.................	23	4 $^1/_2$
De Marseille à Aix............	38	14
Gare de l'Estaque et raccordement	7	5
Gare de Marseille	3	10
De Lunel au Vigan..	71	29
	184	74 millions $^1/_2$ ... 74 millions $^1/_2$

Ligne *de Montpellier à Rodez*, 238 kil., coûtant :   89 millions $^1/_2$

Rodez à Millau.....	78 k.	29 millions
Rodez à Cartels.....	108	43
Cartels à Montpellier	52	17
		89

dont à la charge de l'État... 51 millions $^1/_2$
à la charge de la Compagnie ,
à raison de 110,000 f. par kil., 37 millions $^1/_2$

Ligne *de Millau au Vigan*, 88 kil., coûtant :   43 millions.

dont à la charge de l'État.. 33 millions $^1/_2$
à la charge de la Compagnie... 9 millions $^1/_2$

132 millions

Total........   206 millions $^1/_2$

dont 121 millions $^1/_2$ à la Compagnie,
      85   —   à l'État

Lignes soumissionnées par la Compagnie du Midi

Chemin littoral.............	longueur, 155 kil.	dépense, 48 millions.
De Paulhan à Montpellier et au littoral....	49	17 $^1/_2$
	204	65 millions $^1/_2$

Ligne de Rodez à Cartels, 186 kil...................   72 millions.

dont à la charge de l'État (loi de 1842)... 51 millions $^1/_2$
   —   de la Compagnie........ 20 — $^1/_2$
Total des dépenses pour les projets proposés par la Compagnie du Midi.. 137 millions $^1/_2$
      dont 51 millions $^1/_2$ à la charge de l'État.

Les lignes soumissionnées par la Compagnie du Midi sont évaluées, pour les projets actuellement aux enquêtes, à 204 kilomètres, et la dépense à 65 millions et demi.

Le chemin de Rodez à Cartels, qu'elle a pris l'engagement de construire, est évalué à 72 millions pour une longueur de 186 kilomètres, et sur ce capital la subvention qu'elle demande à l'Etat, aux termes de la loi de 1842, s'élève à 51 millions et demi.

Ainsi, d'une part, la Compagnie de la Méditerranée propose pour les projets actuellement aux enquêtes une dépense de 74 millions et demi, éparpillés sur des embranchements qui ne desservent que des intérêts de localité, et elle y ajoute 132 millions pour deux lignes en montagne, destinées à aboutir à peu près aux mêmes points, c'est-à-dire à se doubler; et sur ces 132 millions, elle en met 85 millions à la charge de l'Etat, aux termes de la loi de 1842; ce qui occasionne au pays la dépense d'un capital de *206 millions et demi,* sur lequel l'Etat aurait à en fournir 85.

De l'autre, la Compagnie du Midi propose aux enquêtes actuelles une dépense de 65 millions et demi pour construire une ligne de premier ordre, touchant à tous les grands intérêts du pays, réclamée depuis un an par une région tout entière, et, pour compléter le système de cette ligne par le chemin de Rodez, elle y ajoute une somme de 72 millions, sur lesquels, aux termes de la loi de 1842, elle en met 51 et demi à la charge de l'Etat; ce qui occasionnerait au pays la dépense d'un capital de 137 millions, sur lesquels l'Etat aurait à en fournir 51 et demi.

En compte rond, la Compagnie de la Méditerranée propose de dépenser 70 millions de plus que la Compagnie du Midi, et elle demande à l'Etat une subvention plus forte de 33 millions et demi.

Il suffit de mettre les chiffres en présence, pour discerner aussitôt de quel côté sont la raison et les propositions sérieuses. Les conclusions de ce qui précède sont faciles à tirer, et il nous paraît superflu d'insister.

Si tous les projets énumérés dans les enquêtes et dans l'exposé qu'a publié la Compagnie de la Méditerranée ont été soumis à l'approbation de son Conseil d'administration, les hommes éminents qui le composent ont-ils suffisamment pesé les conséquences auxquelles leur exécution entraînerait la Compagnie.

5

De tout ce qui précède ressort l'infériorité évidente des propositions de la Compagnie de la Méditerranée, comparées au chemin littoral et à l'embranchement de Montpellier ; mais, outre que ces propositions conduisent à des résultats d'une utilité bien moindre, elles présentent l'inconvénient très-grave de rendre inexécutables celles de la Compagnie du Midi. Or, comme c'est le but avoué qui est poursuivi, il y a lieu de se demander si cette considération n'est point à elle seule de nature à les faire repousser.

Eu effet, la concession des projets de la Compagnie de la Méditerranée implique le refus des propositions de la Compagnie du Midi, et, en même temps, elle rend impossible la construction du chemin littoral ; tandis que la concession de ce dernier n'implique ni le refus des projets de la Méditerranée, ni l'impossibilité de les exécuter. Comme ceux-ci consistent en une série de petits projets sans liaison nécessaire, et que la plupart sont étrangers aux intérêts qui motivent le chemin littoral, rien n'empêche que ceux dont l'utilité sera démontrée ne soient plus tard concédés. On peut donc repousser les propositions de la Compagnie de la Méditerranée dans leur ensemble, sans craindre cependant d'en voir les parties utiles à jamais perdues. Cela est si vrai, qu'on prévoit le moment, prochain, où la construction des lignes sur les Alpes et l'Italie en rendra l'exécution nécessaire.

Quelle faute alors n'aurait-on pas commise en repoussant le chemin littoral et en perdant à tout jamais l'occasion de le construire. Et dans quelle situation se trouverait-on vis-à-vis des populations intéressées ? Le refus des projets de la Compagnie du Midi les déshériterait à jamais, *sans aucune compensation.* Ce ne serait pas seulement l'Hérault, qui perdrait avec la ligne littorale le chemin de Rodez, et qui resterait ainsi privé des voies ferrées dont il a le plus indispensable besoin ; mais ce seraient aussi tous les départements du Sud-Ouest, qui perdraient à la fois leur communication directe avec Marseille. Que perdront, au contraire, les départements des Alpes et de la vallée du Rhône, du réseau de la Méditerranée, au refus de ses propositions ? Rien ; car les parties de ses propositions qui les intéressent, devenues bientôt une nécessité, par le rapide et incessant accroissement du mouvement de Marseille, seront prochainement exécutées. Une pareille alternative ne laisse aucun doute sur le parti à prendre.

— 35 —

Les soumissions des deux Compagnies ont soulevé des questions géné- uestions générales
rales touchant les réseaux concédés par l'État, la concurrence et le monopole : nous en dirons quelques mots.

La question des réseaux a été d'avance résolue par le Gouvernement. Des Réseaux.
Des lignes seules sont concédées, et non des territoires.

En concédant des lignes, l'État fait toutes ses réserves pour conserver la
liberté de créer les voies de communication que pourrait exiger l'intérêt
du pays. Il n'y a donc pas lieu réellement à discuter cette question, qui,
à diverses reprises, a toujours été tranchée par le Gouvernement dans
le sens des intérêts généraux et de sa liberté d'action.

Une seule question se présente : y a-t-il intérêt à prolonger la ligne de
Bordeaux à Cette jusqu'à Marseille? L'affirmative ne saurait être douteuse,
au point de vue des intérêts généraux, et des relations de Marseille avec
le Centre et le Sud-Ouest.

Nous avons déjà fait ressortir les inconvénients du parcours actuel
entre Cette et Marseille ; néanmoins, la voie ferrée qui les dessert a pu
suffire au début, mais depuis elle est devenue insuffisante. Malgré les
plaintes les plus vives, la Compagnie de la Méditerranée n'a rien fait
pour l'améliorer, objectant l'insignifiance du mouvement entre Cette et
Marseille ; elle a donc laissé le champ libre. Aujourd'hui, la Compagnie
du Midi se présente, et offre de créer une ligne directe dans les conditions les plus avantageuses, et en la reliant à celle de Rodez. Elle rappro-
che ainsi de Marseille le sud-ouest et le centre de la France, et acquiert
un *terminus*, qui est la conséquence naturelle de sa situation géographique
entre les deux mers. La nécessité qui la pousse à compléter son réseau
la conduit dans les grands ports de l'Océan et de la Méditerranée. Tout
cela est la conséquence naturelle et logique de la distribution des réseaux
sur le territoire, et de la nécessité d'y combler des lacunes ouvertes par
les mauvais tracés.

Les raisons tirées de la distribution des réseaux seraient donc en faveur du chemin littoral, et ne sauraient être invoquées pour le faire
repousser.

De la Concurrence et des Monopoles.

Les questions de concurrence et de monopole ont été posées aussitôt que les deux grandes Compagnies se sont trouvées en rivalité. D'une part, on a prétendu faire tomber les monopoles constitués par la Compagnie de la Méditerranée ; de l'autre, on a reproché à la Compagnie du Midi d'accaparer les transports dans le Sud-Ouest, en restant maîtresse à la fois des canaux et du chemin de fer.

Enfin on a insisté sur les effets déplorables qu'exercerait la concurrence excitée entre les Compagnies. Nous pensons qu'on a exagéré les conséquences du débat qui touche à cette dernière question, car les Compagnies, jouissant de priviléges concédés, restent sous la surveillance du Gouvernement. Dans tous les cas, n'y a-t-il pas lieu de se féliciter de leur rivalité, lorsqu'on voit, à la froideur et à l'indifférence, succéder le zèle et l'entraînement à soumissionner les projets et les améliorations auparavant dédaignées ? C'est le spectacle qu'offre en ce moment la Compagnie de la Méditerranée depuis qu'elle a connu les projets de chemin littoral.

Quant aux monopoles dont elle jouit actuellement, elle les tient de son habileté et des circonstances, qui lui ont permis, jusqu'à présent, de rester seule en possession du mouvement commercial de Marseille, de toutes les voies ferrées dirigées du midi au nord de la France, des marchés houillers du Midi. Mais, parce qu'elle a réussi à concentrer entre ses mains tous ces avantages, qui sont le fait des circonstances et non de droits légitimes, faut-il en consacrer à son profit une sorte de possession définitive ? L'alternative n'est évidemment point discutable.

Enfin, parce que l'Etat concède un privilége aux Compagnies de chemins de fer, doit-il empêcher entre elles toute concurrence ? Sans doute, au point de vue des intérêts généraux et sous le régime des concessions privilégiées, l'Etat ne peut encourager les concurrences ruineuses, et son devoir est de conserver aux Compagnies les moyens de suffire à leur tâche ; mais supprimer le jeu des intérêts divergents, empêcher, en un mot, cette concurrence légitime qui est la vie des grandes entreprises, il ne peut le vouloir. Or, dans la question présente, ce n'est que de cette concurrence qu'il s'agit. La prospérité de la Compagnie de la Méditerranée n'est point en question. Son crédit n'a fait qu'augmenter depuis qu'on connaît les projets de la Compagnie du Midi.

Il s'agit bien plutôt de rendre à des intérêts anciens, anéantis par elle, leur jeu normal. Ainsi le chemin littoral rendra la vie à la navigation du Rhône et de la Saône, et lui permettra de faire, par eau, concurrence à la voie ferrée. Celle-ci l'avait ruinée; pourrait-on se plaindre qu'une contre-voie ferrée lui rendît l'activité? Évidemment non. Le chemin littoral et le chemin de Rodez, combinés, établissent sur Paris des chemins directs indépendants du réseau de la Méditerranée; qui songerait à s'en plaindre? Ils ouvrent aux charbons de Graissessac et d'Aubin le débouché de Cette et de Marseille, de tout le littoral français, où la houille d'Alais et de la Grand'Combe avait remplacé toutes les autres; ils vont en abaisser partout le prix, au grand avantage de notre industrie et de notre navigation dans la Méditerranée. Qui oserait s'en plaindre? Le chemin littoral va donner à Marseille une seconde entrée et une seconde tête de de ligne, indépendante du souterrain de la Nerthe; il va faire cesser ainsi un état d'encombrement ruineux pour le commerce. Qui oserait s'en plaindre? Quelle concurrence est plus légitime et plus salutaire? Ne faut-il pas en conclure, au contraire, que les motifs tirés de la concurrence et de l'abolition de monopoles, résultat de circonstances habilement exploitées, sont favorables au chemin littoral.

On a fait voir, dans les publications émanées de la Compagnie de la Méditerranée, le côté faible de la Compagnie du Midi; placée entre les Compagnies d'Orléans et de la Méditerranée, elle peut être *concurrencée* par ces deux Compagnies réunies contre elle, si leurs réseaux peuvent venir se joindre à Rodez ou à Millau. Cette jonction constituerait alors *une seconde ligne de Bordeaux à Marseille.* Une situation aussi périlleuse explique tous les efforts de la Compagnie du Midi pour obtenir la ligne de Rodez, au moyen de laquelle elle éloigne le danger d'une agression bien autrement redoutable pour elle que celle dont se plaint aujourd'hui, avec tant d'amertume, la Compagnie de la Méditerranée. Mais cette situation est aussi la preuve que le réseau de la Compagnie du Midi est mal limité, et qu'il faut lui donner, par la ligne de Rodez, ses compléments indispensables.

Lignes de préservation.

Cette conclusion ressort aussi de l'utilité respective que cette ligne de Rodez présente aux deux Compagnies qui l'ont soumissionnée.

En effet, elle peut être considérée comme *nuisible* pour la Compagnie de la Méditerranée, parce que sa direction du nord au sud la rend concurrente à la grande ligne de Paris-Lyon-Marseille, pour tout le mouvement des départements du Centre, desservis par le réseau d'Orléans. De plus, elle sert au transport des houilles d'Aubin et de Graissessac, au détriment de celles d'Alais et de la Grand'Combe. Si la Compagnie de la Méditerranée en réclame la concession, on est en droit de supposer que c'est pour la réduire à l'inaction et en faire une *ligne de préservation.*

Avec la Compagnie du Midi, rien de semblable n'est à craindre; car, sa ligne principale étant dirigée de l'est à l'ouest, elle n'a pas à redouter les effets de celle de Rodez. Elle est donc intéressée à exploiter fructueusement la ligne de l'Aveyron, et, de ce côté, les populations trouvent la meilleure des garanties.

Dans cette question, les intérêts de l'Hérault sont étroitement liés à ceux de la Compagnie du Midi. La *deuxième ligne de Marseille à Bordeaux*, dont la Compagnie de la Méditerranée menace sa rivale, aurait pour notre département les effets les plus désastreux : elle l'isolerait du grand mouvement dont Marseille est le centre, et porterait à sa prospérité le coup le plus fatal.

Canaux.

La Compagnie du Midi est concessionnaire du canal latéral à la Garonne, et fermière pour quarante ans du canal du Midi. Cette situation, qui la rend à la fois maîtresse de la voie navigable et de la voie ferrée, a été dans le débat actuel l'objet des attaques les plus vives de la part de ses adversaires. Ils ont demandé qu'on lui imposât l'abandon de ses canaux, par la raison que leur possession constitue pour elle un monopole. Il est évident que cette condition est inacceptable pour la Compagnie du Midi et que, si elle lui était imposée, elle équivaudrait à un refus de ses propositions. C'est dans ce but qu'on s'agite, bien plutôt que pour obtenir une amélioration de la navigation sur les canaux. D'ailleurs, la situation dont on se plaint, quelque anormale qu'elle soit, n'est pas le résultat de circonstances sans droit acquis : c'est le fruit de contrats consentis avec l'intervention du Gouvernement, et qui n'ont rien de commun avec le projet actuel. La question des canaux n'est donc qu'un moyen pour faire échouer des propositions d'une importance capitale. A ce point de vue, et quel que soit l'intérêt qui s'attache aux canaux, la Commission a pensé qu'il devait s'effacer devant celui que représente la réalisation des chemins de fer du littoral et de Rodez.

Néanmoins, tout en évitant de poser des conditions de rachat qui seraient un obstacle insurmontable, la Commission a été d'avis qu'il fallait saisir cette occasion pour prendre avec la Compagnie des arrangements pour l'abaissement des tarifs sur les canaux en sa possession, et profiter de ses dispositions à négocier dans ce but avec le Gouvernement.

CONCLUSIONS

D'après ces motifs, la Commission d'enquête, *à l'unanimité*, Est d'avis :

Qu'il y a lieu :

1° De déclarer d'utilité publique les projets de la Compagnie du Midi pour le chemin littoral de Cette à Marseille et pour un embranchement dirigé d'un point de la ligne d'Agde à Lodève à Montpellier, et de Montpellier vers la ligne littorale; et d'adopter ses projets de préférence à ceux de la Compagnie de Paris-Lyon-Méditerranée ;

2° A l'égard de la question des canaux ; que des arrangements soient pris avec la Compagnie du Midi pour l'abaissement des tarifs sur les canaux en sa possession ;

Emet le vœu à l'unanimité :

1° Que d'un point de la ligne de Lodève à Montpellier, un embranchement soit construit pour desservir le port de Cette ;

2° Que la ville de Lodève soit placée sur la grande ligne de Rodez à la Méditerranée, si les difficultés ne sont pas trop grandes.

COMMISSION D'ENQUÈTE DU DÉPARTEMENT DE L'HÉRAULT

PROCÈS-VERBAUX ET DÉLIBÉRATIONS

Séance du 2 octobre 1862

L'an 1862, le 2 octobre, à une heure après midi, conformément à l'arrêté de M. le Préfet de l'Hérault en date du 26 août 1862, les membres de la Commission d'enquête sur les projets et propositions présentées respectivement par les Compagnies du chemin de fer du Midi et de Paris à Lyon et à la Méditerranée, se sont rassemblés dans une des salles de l'hôtel de la Préfecture, à Montpellier.

Étaient présents : MM. J. Pagezy, maire de la ville de Montpellier, membre du conseil général de l'Hérault, président ;

Gauthier, propriétaire, adjoint au Maire de Cette ;

Grasset, conseiller à la Cour impériale, membre du Conseil général de l'Hérault ;

Marès, propriétaire, membre du Conseil général de l'Hérault ;

Vassas (Auguste), président du Tribunal de commerce, à Montpellier ;

Bérard (Prosper), propriétaire et négociant, à Montpellier ;

Dulac (Ernest), propriétaire, membre du Conseil général, à Béziers ;

Donnadille, négociant, membre du Conseil général, à Bédarieux ;

Teisserènc (Jules), négociant et maire, à Lodève ;

Martin, président du Conseil d'arrondissement, à Lodève ;

Maistre (Casimir), négociant, propriétaire, président de la Chambre consultative d'agriculture, à Villeneuvette.

6

Étaient aussi présents, appelés dans le sein de la Commission :
MM. Tardy, ingénieur en chef ;

Duponchel, ingénieur ordinaire ;

Doré, ingénieur du service hydraulique ;

Béral, ingénieur des mines,

Et Sabadel, chef de la division des travaux publics, à la Préfecture de l'Hérault.

Après avoir donné lecture de l'arrêté de M. le Préfet qui constitue la Commission, M. *le Président* invite les membres présents à nommer un secrétaire. M. Marès est désigné pour remplir ces fonctions et prend place au bureau.

La Commission décide qu'elle prendra jour, le 16 octobre courant, pour entendre les personnes qui auront à lui faire des communications relatives à l'enquête, et qu'un avis sera inséré dans les journaux de la localité pour en informer le public.

La parole est ensuite à M. *Tardy.*

M. l'Ingénieur en chef pense qu'avant d'exprimer une préférence sur les propositions faites par les deux Compagnies dont les projets sont aux enquêtes, il conviendrait d'être fixé sur divers points. Ainsi un des plus importants est celui de savoir si la Compagnie de la Méditerranée n'entend exécuter ses propositions qu'à la condition d'être à jamais débarrassée de toute concurrence. La question devrait lui être posée d'une manière caté-gorique. Alors seulement ses projets prendront leur véritable signi-fication. Relativement à la Compagnie du Midi, c'est un autre ordre d'idées qu'il abordera. Il se demande si cette Compagnie fera un embranchement direct pour faire aboutir à Cette le chemin de Rodez, et, dans ce cas, si elle le placera à Montbazin ou dans le voisinage, à l'entrée de la plaine de Launac. Une explication à cet égard lui paraît nécessaire. Si elle s'en-gage à construire cet embranchement, les chemins qu'elle propose feront double emploi de Cette à Montpellier, puisqu'on ira de l'un à l'autre de ces deux points, soit par Montbazin, soit par la plage. Evidemment, entre Cette et Montpellier construire deux chemins de fer, quand il en existe déjà un troisième, n'est point chose rationnelle. Un des tracés doit donc être écarté, et, dans ce cas, il n'y a pas à hésiter pour abandonner, comme inutile, celui par la plage, moins bien placé que le précédent et à peu près aussi long.

Poussant plus loin ses observations sur les tracés de la ligne littorale, M. l'Ingénieur en chef pense que le parti le plus convenable serait d'abandonner le tracé de Cette à Aiguesmortes par la plage, pour suivre celui de Cette à Aiguesmortes, par Montbazin, Montpellier et Mauguio. On traverse, dans ce dernier cas, un pays très-fertile, populeux, dont le mouvement local est considérable. Il est hors de doute que le chemin gagnerait beaucoup à ce changement de tracé et que les populations l'accueilleraient avec reconnaissance.

M. Tardy voudrait aussi être fixé sur la question des tarifs soulevée par la Chambre de commerce de Montpellier, afin que la distance de Cette à Marseille ne pût être annulée par la Compagnie. Dans l'intérêt du port de Cette, ce point lui paraît important à résoudre. Enfin un autre point sur lequel il est nécessaire de ne point conserver le moindre doute, est celui de la liaison intime, de la solidarité des deux chemins de Rodez à Montpellier et de Montpellier à Marseille, telle que l'a indiquée M. Pereire. Sous ce rapport, la Compagnie ne peut se dispenser de prendre les engagements les plus formels. Alors on pourra juger, à sa juste valeur, le chemin littoral, en le considérant comme le complément indispensable de deux grandes lignes de premier ordre.

La parole est à M. *Duponchel.* Il insiste sur l'avantage qu'il y aurait à modifier le tracé de Cette à Aiguesmortes, proposé par la Compagnie du Midi, dans le sens indiqué par M. Tardy. Suivant lui, il faut abandonner la plage, qui ne présente que des inconvénients sans compensation, et passer par Montbazin, Montpellier et Mauguio, à travers les vignobles de l'arrondissement de Montpellier et les communes les plus riches et les plus populeuses. Un autre avantage de ce tracé serait de faciliter considérablement les projets d'assainissement de l'étang de Mauguio. La digue qui séparerait l'étang des terrains marécageux, principale cause de son insalubrité, serait formée par les remblais du chemin de fer, et on pourrait ainsi rendre à la culture 3,000 hectares de terrains aujourd'hui malsains.

Un membre de la Commission répond à M. Tardy, relativement à l'embranchement direct de Rodez sur Cette, que, d'après les assurances données au maire de Cette, la Compagnie du Midi est décidée à le construire. M. Tardy insiste alors de nouveau sur l'opportunité de ne construire qu'une seule ligne de Cette à Montpellier, en passant par la plaine de Launac, et d'abandonner le tracé par la plage.

Montpellier deviendrait ainsi tête de ligne, ce qui serait un premier avantage, et, en outre, l'embranchement sur Cette serait assuré, ce qui en constituerait un second.

La parole est à M. *Béral.* M. l'Ingénieur des mines renouvelle les observations déjà consignées à la précédente enquête, sur la nécessité des lignes proposées par la Compagnie du Midi, pour donner un écoulement régulier aux houilles de l'Aveyron et de l'Hérault. Il fait voir que Graissessac a son débouché sur Marseille, autant que sur Cette. Ainsi on charge le *Graissessac* à Cette pour Marseille et l'Italie. On n'obtiendra un développement considérable des exploitations houillères des deux départements que lorsque les grands centres de consommation leur seront ouverts. Dans l'état actuel, les grands débouchés du littoral leur sont fermés à cause des tarifs élevés qu'ils ont à subir pour y arriver. Il pense que la production de Graissessac pourrait atteindre en peu de temps le chiffre de 300,000 tonnes, si le fonds de roulement consacré à l'exploitation était augmenté de un million de francs.

Un membre de la Commission fait observer que le débouché des charbons de Graissessac est bien plus à Cette qu'à Marseille; et ce qui le prouve, c'est l'établissement à Cette d'un dépôt considérable de houille de ces mines, que le Gouvernement y a formé, sous la direction d'un officier de la marine impériale.

Un membre de la Commission demande s'il est vrai que les houilles de la Grand'Combe arrivent à Cette à meilleur marché que celles de Graissessac. M. *Béral* répond affirmativement, et il ajoute que cela tient aux tarifs élevés du chemin de Béziers à Graissessac, et du chemin du Midi, de Béziers à Cette. Mais ces tarifs disparaîtraient avec le chemin de Rodez à la Méditerranée.

La Commission procède au dépouillement des pièces déposées à l'enquête. Comme leur nombre est très-considérable et forme un dossier volumineux, elle désigne, pour en faire le dépouillement, une Commission composée de MM. Pagezy, Grasset, Vassas, Bérard, Gautier et Marès.

La Commission s'ajourne au lundi 16 octobre.

Plus n'étant délibéré, la séance est levée.

Procès-verbal de la séance du 16 octobre 1862

PRÉSIDENCE DE M. PAGEZY, PRÉSIDENT

Étaient présents : MM. Pagezy, Martin, Dulac, Gautier, Vassas, Grasset, Bérard, C. Maistre, Teisserenc, Donnadille, Coste-Floret, Marès.

MM. Doré, ingénieur du service hydraulique, et Sabadel, chef de la division des travaux publics à la préfecture de l'Hérault, assistent à la séance.

M. le Président donne la parole au Secrétaire pour la lecture du procès-verbal. Ce dernier est ensuite mis aux voix et adopté.

MM. Surrel, ingénieur en chef des ponts et chaussées, directeur de la Compagnie des chemins de fer du Midi;

Saige, ingénieur en chef de la Compagnie des chemins de fer du Midi;

Michel, ingénieur de la Compagnie des chemins de fer du Midi, ayant ayant demandé à être entendus par la Commission, sont introduits. Sont également appelés : MM. H. Merle, gérant de la Compagnie des produits chimiques et saliniers de la Camargue, et M. G. Levat, ingénieur et directeur des salines de la Société Merle, en Camargue, pour communications concernant la fabrication du sel et des produits chimiques saliniers.

M. le Président prie M. Surrel de vouloir bien donner à la Commission des explications sur les objections qui ont été faites touchant l'établissement d'un pont tournant sur le Rhône, indiqué dans les études du chemin de fer par le littoral.

Le pont tournant dont il est question doit être établi, dit M. Surrel, sur le grand Rhône et livrer passage aux navires du port d'Arles. Dans les conférences que les ingénieurs de la Compagnie ont eues avec les ingénieurs des ponts et chaussées, l'établissement de ce pont n'a jamais été considéré comme donnant lieu à une difficulté sérieuse. D'ailleurs, on peut citer de fréquents exemples de la construction de ponts tournants analogues à celui du projet. Un des plus remarquable est celui de la Néwa, à St-Pétersbourg. Sur ce point, la navigation est très-active ; elle se fait par bâtiments d'un fort tonnage, et présente une importance que le mouvement du port d'Arles sera loin d'atteindre. Il existe de nombreux ports de ce genre en Angleterre. Sur le chemin du Midi même, on peut citer celui qui traverse le canal du port de Cette à son embouchure sur l'étang de Thau.

Dans tous les cas, les difficultés dont on a parlé n'existeraient que pour les navires à voiles, car les navires à vapeur passeront facilement sous le pont en abattant leur cheminée : et, comme c'est principalement à ces derniers que profitera la régénération de la navigation du Rhône, il n'y a pas lieu de donner une trop grande importance aux difficultés que causerait le pont. D'ailleurs, il est incontestable que ces dernières seraient peu de chose si on les compare à celles qu'occasionnent les hauts fonds placés entre Arles et Chamone, point où sera construit le viaduc. Les conditions dans lesquelles on y rencontre le fleuve, l'emplacement choisi, le mode de construction, sont de nature à rassurer sur les conséquences de l'établissement de l'ouvrage. Ainsi le Rhône coule à Chamone dans une direction rectiligne de 4 kilomètres de longueur ; sa profondeur est de 8 mètres, et le courant des eaux est si faible qu'il atteint à peine 50 à 60 centimètres par seconde. Il semble canalisé. Les rives sont abritées contre le mistral par les digues du fleuve, et elles seront disposées en amont et en aval de l'emplacement choisi, et sur une assez grande longueur, comme celles d'un quai de halage, muni de bornes ou de pieux. Le pont aura 400 mètres de largeur entre les culées, c'est-à-dire de largeur entre les digues, au-dessus de la tour Saint-Louis. Il sera construit en tôle. Le passage sera sur la rive gauche et son ouverture sera de 21 mètres.

Pour éviter la formation des bancs dans le lit du fleuve, l'ouvrage n'aura que 4 piles, fondées sur tubes en fonte, de manière à présenter la surface la plus réduite ; elles ne produiront guère sur les eaux que l'effet de quatre énormes pieux, et le régime actuel de celle-ci ne pourra en être modifié. Ainsi placé et construit, le pont tournant ne peut présenter aucune difficulté à la navigation, et il n'en aura aucune pour l'exploitation du chemin.

M. *Saige* confirme ces détails, et il ajoute que, pour opérer le passage du Rhône sur un lieu aussi favorable que Chamone, le tracé du chemin a été modifié ; on a été conduit alors à un autre résultat non moins heureux : c'est de redresser une courbe qui permet de raccourcir la longueur du tracé primitif de 5 kil., de sorte que la distance à parcourir entre Cette et Marseille ne sera que de 155 kil., au lieu de 160.

Un membre de la Commission présente quelques observations sur les inconvénients des ponts tournants, au point de vue de la navigation des navires à voiles. Il craint que, souvent forcés de louvoyer pour prendre la passe, forcés de jeter des ancres pour y chercher un point d'appui parfois insuffisant, ils n'abordent le pont par le travers et ne se fassent de graves avaries. La vitesse du courant peut provoquer les accidents de ce genre.

MM. Surrel et *Saige* répondent qu'ils ne seront pas à craindre, le courant étant à peu près nul, la passe fort large et la rive disposée en forme de quai de halage. Ces Messieurs ajoutent qu'il est certain qu'un pont tournant sur le Rhône a été imposé à la Compagnie de la Méditerranée pour son chemin de Lunel à Arles, et que ce tracé présente dès lors, à ce point de vue, les mêmes difficultés que celui du chemin littoral.

M. le *Président* prie MM. Surrel et Saige de vouloir bien donner à la Commission des explications sur la submersibilité du chemin. On sait, en effet, que le tracé traversant le delta du Rhône se trouve, depuis Aiguesmortes jusqu'à la sortie de la basse Camargue, dans des terrains exposés aux inondations du fleuve, sur une longueur de 60 kil. environ, et qu'un des griefs reprochés au chemin littoral est d'être exposé à tous les accidents d'une pareille situation.

M. *Saige* dit que ces inconvénients ont été prévus. En effet, les rails seront placés entre le petit et le grand Rhône, à travers la Camargue, entre la mer et l'étang du Valcarès. Cette situation, dans la partie inférieure du delta, est favorable, parce que les eaux, s'étalant sur de larges espaces en cas d'inondation, n'atteignent que de faibles hauteurs, et, par cette raison, sont beaucoup moins redoutables que dans la haute Camargue. Le niveau de la voie sera à 1^m,50 au-dessus des basses mers, et les plus grandes inondations connues, en 1841 et 1856, sont montées à 2^m. La voie peut donc être inondée ; mais toutes les précautions seront prises pour que l'inondation passe sans causer de dommages.

En effet, en supposant que le fleuve rompe ses digues et qu'il déborde, il se jettera d'abord dans le Valcarès, qui forme un immense réservoir. Le remblai du chemin sera pourvu de deux pertuis pouvant débiter chacun et conduire à la mer 1,000 mètres cubes d'eau par seconde ; l'inondation, en arrivant jusqu'à la voie, ne sera produite que par des eaux sans vitesse, et, dans tous les cas, on pourra la voir venir avant qu'elle ait rempli le Valcarès.

Le niveau de ce dernier est à 40 centimètres au dessus des basses mers ; il faudra donc que les eaux s'y élèvent de plus d'un mètre avant d'atteindre les rails, et pendant ce temps les pertuis écouleront d'énormes volumes de liquide.

Pour mieux faire apprécier le rôle important qu'ils sont appelés à jouer, M. *Surrel* dit que, dans les grandes inondations, le Rhône débite, au maximum, environ de 12 à 14 mille mètres cubes d'eau par seconde. Or, lorsque ses digues sont rompues, il est rare que les brèches qui s'y forment donnent accès à une quantité d'eau supérieure ou même égale à celle que les pertuis écouleront ; il est donc probable que ceux-ci suffiront pour empêcher la voie et les rails d'être submergés ; mais, en admettant qu'ils le fussent, l'écoulement serait très-prompt et les dégradations insignifiantes. La digue de ceinture à la mer, considérée comme insubmersible, a 2^m,20 de hauteur. La Compagnie n'a pas voulu faire son chemin insubmersible à cause des inconvénients qu'il présenterait en cas de dégradation, inconvénients bien supérieurs à ceux d'une inondation, qui ne peut être que très-passagère, même dans les cas extrêmes, lesquels ne se sont présentés jusqu'à présent qu'à intervalles de quinze ans au moins, comme en 1841 et 1856.

La Compagnie veillera d'ailleurs au bon entretien des digues, et son intérêt répondra, sous ce rapport, des efforts qu'elle fera pour garantir le pays, tout en se garantissant elle-même. M. *Surrel* termine en disant que le danger que présentent, en cas d'accident, les digues trop hautes dans le delta du Rhône, est tel, qu'on a exigé de la Compagnie de la Méditerranée que, dans le trajet de Lunel à Arles, son chemin à travers la haute Camargue fût submersible. Ce chemin présente donc aussi les inconvénients de submersibilité du tracé par le littoral, avec cette circonstance qu'il traverse la partie de la Camargue où les eaux s'élèvent le plus, et où par conséquent leurs ravages sont le plus redoutables.

Un membre de la Commission parle à M. Surrel de la lettre qui a été adressée à M. le Maire de Cette, pour l'informer de l'intention de la Compagnie du Midi de construire un embranchement afin de relier directement la ville de Cette avec le chemin de Rodez à la Méditerranée, et il dit que cette lettre a été considérée à Cette par le Conseil municipal comme un engagement envers la ville ; il prie M. Surrel de vouloir bien confirmer cette appréciation. M. *Surrel* répond que, avant d'écrire au Maire de Cette, il a consulté le Conseil d'administration de la Compagnie, et que sa lettre doit effectivement être considérée comme un engagement.

M. *Surrel* déclare alors, en ce qui concerne la soumission de la Compagnie du Midi, à l'égard des deux chemins de Rodez à la Méditerranée, et de Cette à Marseille, que les propositions concernant les deux chemins sont tout à fait solidaires. La Compagnie est résolue à ne point accepter l'un sans l'autre, et réciproquement. Ces deux chemins sont, en effet, appelés à se compléter et à se garantir mutuellement, mais à la condition d'être simultanément concédés : si le Midi n'obtenait que le chemin littoral sans celui de Rodez, les lignes de la Compagnie d'Orléans et de la Compagnie de la Méditerranée, venant se rejoindre à Rodez, doubleraient la ligne de Marseille à Bordeaux, et pourraient la mettre dans leur dépendance ; si le chemin de Rodez s'arrêtait à Cette, il manquerait du grand débouché sur Marseille qui lui est indispensable pour être suffisamment productif. Les propositions du Midi forment donc un ensemble qui ne peut être scindé. Mais, dans le cas où la Compagnie obtiendrait la concession, son in-

7

térêt est d'exploiter aussi activement que possible les deux lignes et
d'attirer sur elles un grand mouvement commercial. Dans le cas où la
Compagnie de la Méditerranée prévaudrait pour la concession du chemin
de Rodez, il est facile de démontrer que, ce chemin n'ayant pour elle
d'autre résultat que de diminuer les bénéfices qu'elle réalise actuellement au moyen de sa grande artère du nord au sud, elle n'a aucun
intérêt à en développer le trafic. En effet, si l'on considère le parcours
que suivent actuellement les marchandises pour le Centre et Nord-
Ouest, on trouve que la distance actuelle de Montpellier à Vierzon, en
passant par le Guétin, est de 724 kilomètres, dont 624 se trouvent
sur le réseau de la Méditerranée, et 100 sur le réseau d'Orléans.

Dans l'hypothèse du chemin de Rodez, la distance de Montpellier
à Vierzon, par Rodez, est réduite à 681 kilomètres, dont 246 kilom.
appartiendraient au réseau de la Méditerranée, de Montpellier à Rodez,
et 435 kilomètres à celui d'Orléans, de Rodez à Vierzon. Il en résulte que, dans l'état actuel, la Compagnie de la Méditerranée perçoit
le bénéfice d'un parcours de 624 kilomètres sur une ligne principale,
à faibles pentes, où les frais de traction sont peu élevés, et dont le service est très-actif : ce qui lui est bien plus avantageux que de se voir
réduite à se contenter du bénéfice d'un parcours de 246 kilomètres,
sur un chemin d'une exploitation coûteuse, à fortes pentes et à courbes
d'un petit rayon. Si la Méditerranée tient à obtenir le chemin de Rodez,
c'est afin d'empêcher qu'il ne soit concédé au Midi, et afin de mettre la
ligne de ce dernier sous sa dépendance, en venant se relier au réseau
d'Orléans, mais ce n'est point pour exploiter utilement la ligne. Comment
alors expliquer sa demande pour la concession, non-seulement d'une
seule, mais encore des deux lignes de Rodez à la Méditerranée (puisqu'au fond elle est intéressée à ce que ces lignes ne fonctionnent pas),
si ce n'est pour enlever au Midi celle qui serait utilement construite
et exploitée par lui, et pour s'en servir à titre de *préservation*. D'ailleurs,
au point de vue des finances, la double concession des deux chemins
ne peut être considérée comme sérieuse. Ces deux voies ferrées coû-
teraient environ 150 millions, et n'auraient d'autre résultat que d'aller
dans deux directions parallèles, de Millau à Montpellier et de Millau

à Lunel. Les conditions de leur construction imposeraient à l'Etat des sacrifices si disproportionnés à leur utilité, que les intéressés ne peuvent conserver la moindre illusion sur les chances de voir se réaliser un pareil projet. A cet égard, les vœux si remarquables du Conseil général de l'Aveyron ne peuvent laisser aucun doute. Dans ce cas, on arrive forcément à cette conclusion que, pour la ligne de Rodez, les projets de la Compagnie du Midi, qui desservent les intérêts les plus nombreux, qui imposent au pays et à l'Etat les dépenses les moins élevées, qui ne présentent aucune ligne rivale à ménager, doivent obtenir la préférence.

Un membre de la Commission demande à M. Surrel si la Compagnie du Midi est disposée à abaisser ses tarifs sur les canaux qu'elle exploite, dans le cas où elle obtiendrait la concession qu'elle sollicite. M. *Surrel* répond que la Compagnie a fait connaître qu'elle était prête à entrer en négociation avec l'Etat sur ce point, s'il y avait lieu, mais qu'elle était résolue à ne point abandonner ses canaux. Il ajoute que les tarifs actuels sont plus favorables au commerce que ceux de l'ancienne Compagnie du canal, en exceptant toutefois ceux qui furent adoptés pendant les quinze derniers mois, lorsqu'elle soutint la concurrence contre le chemin de fer. Mais on sait que ces tarifs furent ruineux, et ne couvraient point les frais d'exploitation et d'administration du canal. De plus, il fait remarquer, relativement à l'application des tarifs sur les canaux, que la Compagnie du Midi est beaucoup moins libre que l'ancienne Compagnie, ce qui constitue une nouvelle garantie pour le commerce.

Un membre de la Commission dit qu'il faut ramener cette question des canaux à sa valeur réelle. On sait qu'elle a été soulevée par la Compagnie de la Méditerranée, et que ce n'est point dans l'intérêt de la navigation et du commerce, mais pour faire obstacle aux projets de la Compagnie du Midi. En effet, lorsque, en 1858, cette dernière Compagnie a voulu abaisser ses tarifs sur le canal du Midi et sur le canal latéral, afin d'opérer au profit du canal le détournement des marchandises dirigées vers le Nord-Ouest, qui empruntent aujourd'hui la ligne de la Méditerranée, c'est cette Compagnie qui a réclamé contre l'abaissement des tarifs sur les canaux et en a obtenu la suppression : il a fallu les relever. Pour le moment, elle n'a d'autre but que de faire échouer à son profit, et au détriment des contrées desservies par les projets de la Compagnie du Midi, la soumission qui est actuellement aux enquêtes. Ce serait donc être dupe que de s'engager dans la voie qu'elle a ouverte.

M. *Surrel* explique la nature des engagements entre l'État et la Compagnie, relativement aux canaux en sa possession. Si le canal latéral a été concédé à la Compagnie, c'est que le Gouvernement a reconnu que le chemin de fer ne pouvait exister à côté d'un canal sur lequel on ne payerait aucun droit de navigation ; or, si le canal du Midi était exempté de ces droits, la position du chemin de fer serait, par rapport à lui, celle où il se trouvait par rapport au canal latéral, situation qu'il a fallu changer. L'état actuel et la surveillance de l'État ont été combinés de manière à garantir les intérêts du commerce et l'exploitation simultanée du canal et du chemin de fer ; la preuve qu'on a atteint le but, c'est que le grand développement du mouvement sur la voie ferrée n'a point empêché celui du canal, depuis qu'il est entre les mains de la Compagnie du Midi.

M. *le Président* consulte M. Levat sur la question du pont tournant, déjà traitée avec les ingénieurs de la Compagnie du Midi, au point de vue des objections qu'il a soulevées dans la marine d'Arles.

M. *Levat* fait observer que la plupart de ces objections tomberaient d'elles-mêmes, si la Compagnie du Midi faisait une passe sur chacune des deux rives, afin que les navires pussent toujours passer en louvoyant, s'il le fallait, quel que fût le vent. Il rappelle qu'une grande portion des marins d'Arles se rallient à l'exécution de ce travail, qui ne leur paraît pas offrir d'inconvénients sérieux pour la navigation. Une pétition rédigée à Arles, pendant l'enquête, dans un sens tout à fait favorable, et avec l'assentiment de nombreux marins, a été signée par 34 pilotes de la rivière embrigadés (il n'y en a que 36 en totalité), 20 capitaines marins, 17 marins charpentiers de navires, 150 marins matelots et 350 habitants de la commune. M. *Levat* dépose sur le bureau deux exemplaires de cette pétition d'Arles, dont l'original a été envoyé à l'enquête ouverte à Marseille.

M. *le Président* prie M. Levat de vouloir bien éclairer la Commission sur les objections qu'on a élevées contre le chemin littoral dans la traversée de la basse Camargue, touchant la stabilité de l'assiette du chemin, sa submersibilité, l'insalubrité du pays; enfin, abordant un autre ordre d'idées, sur les conséquences du chemin littoral pour le développement de la navigation du Rhône.

M. *Levat* répond à ces diverses questions :

Sur la stabilité de l'assiette du chemin de fer. — Il a été établi sur le littoral de la mer, aux lieux mêmes du tracé du chemin de fer, une digue à la mer sur 26 kilomètres de longueur. Cette digue, large de 10 à 12 mètres à la base, arrêtée à $2^m,20$ au-dessus du niveau des eaux de la mer, présente plusieurs ouvrages d'art importants pour laisser passer les eaux. Elle est d'une solidité à toute épreuve. C'est le même terrain qui la supporte qui supportera le chemin de fer; c'est celui qui supporte aujourd'hui le phare de Faraman, l'église des Saintes-Maries, la tour St-Louis et bien d'autres constructions.

Sur la submersibilité du chemin en Camargue. — M. *Levat* soumet à la Commission un relevé d'observations établissant que le maximum de hauteur du niveau des eaux du Rhône, soit dans les étangs inférieurs au Valcarès, soit dans les parties que le chemin de fer longera, n'a pas dépassé le niveau de $1^m,20$. Or, la Compagnie établissant le niveau de ses voies à la cote de $1^m,50$, la voie peut, dans la plupart des cas d'inondation, être insubmersible : il suffit pour cela d'établir 200 à 300 mètres de chemin en viaduc dans les parties les plus basses, afin de laisser aux eaux un facile écoulement.

Sur l'insalubrité du pays. — On a beaucoup parlé de cette question, que traitent généralement des gens auxquels le pays est inconnu. En fait, il existe déjà un centre de population de 1,100 âmes aux Stes-Maries, sur le tracé du chemin de fer. Des certificats de médecins, de maires, etc., constatent que la longévité y est grande, et la santé moyenne bonne. Un centre, de 200 âmes environ, a été créé depuis quelques années aux salins de Giraud, et la population y est en bonne santé. Les influences paludéennes se font bien moins sentir sur le littoral même que dans les parties en marais d'eau douce situées plus haut. Les améliorations agricoles et industrielles, conséquences de l'établissement du chemin de fer, feront disparaître toute insalubrité.

M. *Levat* présente ensuite quelques observations sur l'extrême importance du chemin littoral, pour le développement de la navigation du Rhône. Il parle des dispositions des grandes Compagnies, qui se sont tout récemment réunies, à améliorer leur matériel et à le renouveler. Il rappelle que la création du port St-Louis, aujourd'hui arrêtée dans les desseins du Gouvernement, aura pour résultat d'amener sur le bas Rhône un centre important d'exportation houillère; il n'est pas douteux que les houilles de Graissessac, transportées par le chemin littoral, auront à intervenir largement dans ce mouvement.

M. *le Président* prie M. H. Merle, gérant de la Compagnie des produits chimiques et saliniers de la Camargue, de vouloir bien éclairer la Commission sur la nature et l'importance de l'industrie qu'il exerce en Camargue, et sur les conséquences que peut avoir pour cette industrie la réalisation des projets de la Compagnie du Midi.

M. *Merle* expose que l'application du froid artificiel au traitement des eaux de la mer a permis d'apporter aux méthodes dont M. Balard est le créateur des modifications d'une importance capitale, au point de vue des résultats; que ces méthodes nouvelles ont déjà reçu sur une grande échelle une sanction pratique qui peut faire préjuger de leur avenir, si les conditions de leur développement sont rendues favorables.

Il ressort, des explications fournies par M. *Merle* :

Que, par ce système, l'exploitation de 1,000 hectares d'étangs salés donnent lieu aujourd'hui, pratiquement et régulièrement, à une production de : 50,000 tonnes de sel marin, 4,000 tonnes de sulfate de soude (anhydre), 1,000 tonnes de chlorure de potassium; que, cette surface de 1,000 hectares formant le dixième des surfaces possédées par la Compagnie Merle en Camargue, cette seule Compagnie, quand elle aura achevé de mettre en exploitation tous ses terrains, se trouvera à même de produire annuellement :

500,000 tonnes de sel marin,
40,000 tonnes de sulfate de soude,
10,000 tonnes de chlorure de potassium.

Le sel marin, dans des proportions aussi énormes, ne peut évidemment pas être considéré comme un produit industriel susceptible d'être vendu ; mais, comme son dépôt précède nécessairement les traitements qui donnent lieu au sulfate de soude et au chlorure de potassium, force est bien de le produire quand même, et tout ce qui ne peut être vendu est dissous et rejeté à la mer. On conçoit que, dans ce système où le sel marin forme un résidu de fabrication, il suffit que les prix de vente dépassent les frais de levage et de transport pour qu'il y ait bénéfice. Or les frais de levage sont de 2 francs ; le transport à Marseille, au tarif de 3 centimes et $^1/_2$, par tonne et par kilomètre, que M. Surrel déclare être disposé à pratiquer, se ferait à moins de 2 francs ; le sel pourrait donc être livré à l'exportation, avec bénéfice pour les producteurs, à des prix réduits, et on constituerait ainsi, à notre marine marchande, un fret précieux, qui lui donnerait une portion des avantages que la marine anglaise trouve à Liverpool. Les documents officiels portent, pour 1860, à 696,000 tonnes la quantité de sel exportée par l'Angleterre, la presque totalité par la Mersey.

M. *Merle* expose ensuite :

Que les seuls éléments de frais, dans cette exploitation des eaux salées, sont la main d'œuvre et la houille ; que, pour arriver à la production totale indiquée déjà, et dont sont capables les établissements de la Société, il faudra 100,000 tonnes de houille, et un personnel fixe de 900 à 1,000 ouvriers ; qu'il est superflu de faire apprécier l'importance d'un chemin de fer pour une industrie destinée à s'exercer dans ces conditions et en Camargue.

Sur la demande d'un membre de la Commission, au sujet du commerce des sels dans le port de Marseille, M. *Merle* répond que les sels sont actuellement transportés des salins de la Camargue à Marseille par mer, et par *chalands*, au prix de 3 fr. 50 la tonne, sans compter les manutentions. Ce prix, bien qu'élevé, est le moindre des obstacles à l'exportation. L'incertitude et l'irrégularité des arrivages des chalands rendent les marchés à livrer très-difficiles; d'autre part, les demandes de sel dans le port de Marseille sont elles-mêmes très-variables, sujettes à de grandes fluctuations. Il faudrait donc, pour faire régulièrement le commerce du sel à l'exportation, avoir à sa disposition un matériel de chalands tel, que le transport ressortirait à des prix impossibles. Un chemin de fer reliant directement Marseille aux salins peut seul résoudre la question.

Un membre de la Commission objecte que les sels de Sardaigne feront toujours concurrence aux sels français, car on les produit à un prix minime. M. *Levat,* qui connaît les conditions dans lesquelles sont exploitées les salines de Cagliari, dont il est ici question, déclare que le sel de Sardaigne coûte au moins, à produire, 6 fr. par tonne. Il ajoute que les sels de Sicile, ayant à présent perdu leurs débouchés, sont encore à plus bas prix (5 fr. par tonne). Actuellement le prix des sels à Marseille est de 11 à 12 fr.; ils sont trop chers pour devenir l'objet d'une exportation considérable. Dans l'état, on n'exporte pas par les ports au delà de 40,000 tonnes de sel français de la Méditerranée. Cette quantité n'est guère que la dixième partie de ce qui est exporté de la Méditerranée ; il y a donc une part énorme à prendre à l'exportation méditerranéenne, et on ne pourra s'en emparer qu'en faisant tomber à Cette et à Marseille le prix du sel de 3 ou 4 fr. par tonne. Pour atteindre ce but, il faut, à portée des salines du littoral, un moyen civilisateur puissant, qui, permettant d'y amener des hommes et du charbon, y implante la production par les moyens perfectionnés exposés par M. Merle.

Les membres de la Commission remercient les personnes dont les communications viennent d'être exposées. Ils procèdent ensuite à l'examen des pièces déposées à l'enquête.

Plus n'étant délibéré, la séance est levée.

Séance du 17 octobre 1862, à huit heures du matin

PRÉSIDENCE DE M. PAGEZY, PRÉSIDENT

Etaient présents : MM. Pagezy, Teisserenc, Martin, Donnadille, Maistre, Grasset, Vassas, Bérard, Dulac, Coste-Floret, Marès. M. Sabadel assiste à la séance. Absents : MM. Singla et Gautier.

M. Balard, membre de l'Académie des sciences, assiste à l'ouverture de la séance, ainsi que MM. Merle et Levat, entendus la veille par la Commission.

La Commission ayant désiré consulter M. Balard sur les conditions nouvelles dans lesquelles la fabrication des produits chimiques a placé la production du sel, et sur l'influence que les chemins de fer du littoral sont appelés à exercer sur elle, M. *le Président* le prie de vouloir bien faire connaître son opinion sur cette question. M. *Balard* fait un exposé complet de l'industrie chimique et salinière, telle qu'elle s'était exercée jusqu'à présent. Il indique comment les eaux de la mer, évaporées par le vent et le soleil de notre climat, abandonnent d'abord sur le sol, du sel marin cristallisé, et des eaux mères riches en sels de soude, de potasse, et de magnésie. Ces eaux mères, sous l'influence d'une basse température, abandonnent certains de ces sels ; jusqu'à présent, on attendait des circonstances naturelles, en hiver, la production des basses températures, et il en résultait dans la fabrication des produits une irrégularité et une imperfection qui l'empêchaient de se développer. Aujourd'hui l'industrie s'est substituée à la nature pour la production des basses températures, de sorte que le froid nécessaire à une fabrication régulière et perfectionnée peut être fait à volonté ; rien n'est livré au hasard comme précédemment. Il en est résulté une révolution complète dans la fabrication du sel et des produits chimiques.

M. *Balard* expose, avec une clarté, une élégance et une simplicité de parole qui impressionnent vivement la Commission, comment se fait la

8

production du froid artificiel; il explique ensuite quelles modifications importantes son emploi a permis d'apporter à l'industrie chimique et salinière. Ces modifications sont telles, dit M. *Balard*, qu'elles constituent en quelque sorte une méthode nouvelle, dont la régularité et la simplicité sont les éléments essentiels; dans laquelle rien n'est livré à l'incertitude, et qui est susceptible de se développer autant qu'on aura à sa disposition des surfaces d'évaporation. Or, en Camargue, elles sont pour ainsi dire indéfinies. M. *Balard* confirme donc l'exactitude des renseignements donnés à la Commission par M. Merle. La connaissance complète des établissement de la Compagnie Merle, des appareils et des machines employés à produire le froid, à évaporer les eaux mères, etc., autorise ce savant chimiste à penser que 1,000 hectares d'étangs salés servant l'évaporation peuvent donner lieu à une production de :

40,000 tonnes de sel marin, déposé sur le sol,

4,000 tonnes de sulfate de soude *anhydre,* ⎫

1,000 tonnes de chlorure de potassium, ⎪ Résultat

10,000 tonnes de sel marin raffiné, ⎬ de la fabrication nouvelle de

10,000 tonnes de chlorure de magnésium, ⎭ produits chimiques.

65,000 tonnes, en tout.

La quantité de houille nécessaire pour obtenir des produits est de 10,000 tonnes.

En Camargue, la seule Compagnie Merle possède 10,000 hectares d'étangs salés. Elle a laissé perdre cette année, dans le seul salin de Giraud, 60,000 tonnes de sel. — En Camargue, si toutes les surfaces en étangs étaient utilisées, la production serait indéfinie.

M. *Balard* ajoute que la question des produits chimiques saliniers présente, au point de vue économique et industriel, un double intérêt : d'abord par la production à bon marché du sulfate de soude, sous une forme éminemment propre à l'industrie, ce qui permettra aux industries soudières françaises de soutenir la lutte engagée depuis le traité de commerce avec l'Angleterre; ensuite et surtout parce qu'on verra se combler un vide bien préjudiciable aux arts chimiques, celui que présente aujourd'hui la production des sels de potasse.

La potasse manque, en effet, à l'industrie. La production de cet agent, d'une si grande utilité, et que la consommation réclame tous les jours davantage, diminue tous les jours, et cette anomalie regrettable ne disparaîtra pas tant que la principale source de la potasse sera due à l'incinération des végétaux. Heureusement que la mer va devenir un nouveau réservoir de potasse, moins facilement épuisable. A ce point de vue, l'industrie perfectionnée dont la Compagnie Merle a pris l'initiative est d'une incontestable utilité, et sa prospérité doit être vivement souhaitée par les nombreuses industries qui auront à en bénéficier. Il n'est pas douteux que, dans un avenir prochain, les autres salines du littoral n'imitent la Compagnie Merle. Elles formeront alors un vaste ensemble industriel, qui fera la fortune de ces contrées, si déshéritées aujourd'hui.

M. *Balard* fait observer à la Commission que les différentes salines du littoral français sont toutes desservies par le chemin de fer du Midi, et il conclut en disant que, dans sa pensée, non-seulement la création du chemin littoral soumissionné serait utile au développement de la nouvelle industrie chimique salinière, mais que, sans la construction de ce chemin, qui peut seul amener sur les lieux les hommes et le combustible nécessaires, ce développement est impossible.

Considérant la question à ce point de vue, le littoral français lui paraît mieux placé que tout autre point du globe pour devenir le siége de cette industrie, dont la puissance et la richesse peuvent atteindre des proportions si considérables; d'abord parce qu'il est à proximité de gîtes houillers nombreux dont les charbons lui sont indispensables : Graissessac, Aubin, la Grand'Combe, Rive-de-Gier, etc.; et, en deuxième lieu, à cause du climat, suffisamment sec et chaud pour produire l'évaporation des eaux sur les salines, et assez tempéré cependant pour ne point gêner la production du froid artificiel. Les climats plus chauds de la Sardaigne, de la Sicile, du sud de l'Espagne, paraissent se prêter moins bien à cette dernière condition, et leur température plus élevée peut devenir un obstacle qu'on ne rencontre pas en France ; en outre, ils sont moins bien placés pour recevoir à bas prix et en immenses quantités la houille qui leur serait indispensable.

Les membres de la Commission remercient M. Balard de la communication pleine d'intérêt qu'ils viennent d'entendre.

Ils continuent ensuite l'examen des pièces déposées à l'enquête, et s'ajournent pour une nouvelle séance, à une heure après midi.

Séance du 17 octobre, à une heure après midi

PRÉSIDENCE DE M. PAGEZY, PRÉSIDENT

Étaient présents : MM. Pagezy, Teisserenc, Vassas, Bérard, Grasset, Donnadille, Maistre, Martin, Dulac, Coste-Floret, Marès. Absents : MM. Singla et Gautier.

M. Sabadel assiste à la séance.

L'examen des pièces déposées à l'enquête étant terminé, M. *le Président* met aux voix la question suivante :

Quelles sont les propositions des deux Compagnies qu'il convient d'adopter?

La Commission est d'avis, *à l'unanimité,* d'adopter les propositions de la Compagnie du Midi, pour la construction : 1° *Du chemin de fer par le littoral de Cette à Marseille;* 2° *d'un embranchement dirigé d'un point de la ligne d'Agde à Lodève vers Montpellier, et de Montpellier vers la ligne littorale de Cette à Marseille.*

La Commission ajoute ensuite qu'il y a lieu de déclarer l'utilité publique de ces deux chemins, et de donner aux propositions de la Compagnie du Midi la préférence sur les propositions de la Compagnie de la Méditerranée.

De plus, la Commission émet le vœu, à l'unanimité : 1° que, d'un point de la ligne de Lodève à Montpellier, un embranchement soit construit pour desservir le port de Cette ;

2° Que la ville de Lodève soit placée sur la grande ligne de Rodez à la Méditerranée, si les difficultés ne sont pas trop grandes.

A l'égard de la question des canaux, la Commission est d'avis, à l'unanimité, que, conformément aux dispositions que la Compagnie du Midi a manifestées, des arrangements soient pris avec elle par le Gouvernement, pour l'abaissement des tarifs sur les canaux en sa possession.

La Commission s'ajourne au mercredi 22 courant, à une heure après midi, pour entendre la lecture des procès-verbaux et du rapport.

La séance est levée.

Séance du 22 octobre 1862

PRÉSIDENCE DE M. PAGEZY, PRÉSIDENT

Étaient présents : MM. Pagezy, Teisserenc, Vassas, Bérard, Grasset, Donnadille, Maistre, Martin, Dulac, Coste-Floret, Gautier, Marès. Absent : M. Singla.

M. *Marès* donne lecture des procès verbaux des trois séances du 16 et du 17 octobre ; ils sont mis aux voix et adoptés. Il donne ensuite lecture du rapport. La Commission le convertit en délibération et en adopte les termes.

Montpellier, Imp. de GRAS. — 1477

www.ingramcontent.com/pod-product-compliance
Lightning Source LLC
Chambersburg PA
CBHW050523210326
41520CB00012B/2419